MIXOLOGIA

o universo do bartender cientista

Presidente da Fecomércio-CE
e dos Conselhos Regionais do Sesc
e Senac CE
Maurício Cavalcante Filizola

Diretor do Departamento Regional
Sesc e Senac
Rodrigo Leite Rebouças

Diretora de Educação Profissional
do Senac
**Geórgia Philomeno Gomes
Carneiro**

Diretor Financeiro Sesc e Senac
Gilberto Barroso da Frota

Diretora Administrativa Sesc e
Senac
Débora Sombra Costa Lima

Conselho Editorial
**Rodrigo Leite Rebouças, Geórgia
Philomeno Gomes Carneiro,
Gilberto Barroso da Frota, Sidarta
Nogueira Cabral, Denise de
Castro, Lyvia Kirov Goes Ferreira,
Luiz Antonio Rabelo Cunha**

Editora
Denise de Castro

Projeto gráfico e diagramação
Kelson Moreira

Fotos
Henrique Ferrera

Revisão
**Raquel Chaves
Ethel de Paula**

1ª reimpressão: 2021

© Senac Ceará, 2019
Editora Senac Ceará - Rua Pereira Filgueiras, 1070
Fortaleza - CE - CEP 60160-194
editora@ce.senac.br
www.ce.senac.br

Dados Internacionais de Catalogação na Publicação (CIP)
Bibliotecária: Mariana Moreira Maciel CRB - 1288

Quaranta, Victor
    Mixologia: o universo do bartender cientista. / Victor Quaranta; Fotos Henrique Ferrera - Fortaleza: Senac Ceará, 2019.

    200 p. il. color.

    Inclui índice
    ISBN: 978-85-99723-41-8

    Bibliografia
    1. Mixologia 2. Bartender 3. Técnicas de bar 4. Criação de coquetéis, I. Quaranta, Victor. II. Ferrera, Henrique. III. Título.
                   CDD 647.95

VICTOR QUARANTA • HENRIQUE FERRERA

MIXOLOGIA

o universo do bartender cientista

SENAC CE • FORTALEZA • 2019

Tenho alguma sorte na vida.

No dia a dia, tenho encontrado pessoas que facilitam e me alavancam nessa jornada. No próprio Senac, onde aprendi muito sobre docência e educação em geral, posso falar do Fábio Colombini com toda a sua didática. São inspiradores o incentivo e a empolgação da Patrícia Garcia e a ideia que surgiu pelo Iuri Costa quando me questionou... – *Por que não escreve um livro?* Na minha trajetória, tive a sorte de encontrar minha mentora Tatiana Maia com os primeiros contatos com a mixologia molecular. Tive a sorte grande de conhecer dois grandes mestres das artes culinárias – Fernando Abdalla e Thaiza Pacheco –, com quem trabalhei e aprendi sobre técnica e profissionalismo. Por mais de uma década, o Rodrigo Studart me apoia e se coloca à disposição. Minha mãe, Dona Edna, facilita meus passos. O Marcelo Henrique é incrível com suas dicas de marketing, venda e empreendedorismo. Flávia Cecílio, Ariel Ferreira, Rodrigo Fiuza e família me abraçaram e me possibilitaram uma boa estrutura para poder trabalhar. A Denise de Castro, com suas boas ideias e seus direcionamentos, clareia este projeto. O João Augusto, com toda a sua solicitude, abre os meus caminhos em Minas Gerais. O Nelson, meu fiel escudeiro, está comigo na luta diária. O Henrique Ferrera topou prontamente participar do projeto e doou seu olhar único. Meus clientes de consultoria acreditam que eu posso fazer parte dos seus sonhos. E ainda há meus alunos, professores e amigos-mentores.

A todos vocês, dedico este trabalho.

SUMÁRIO

INTRODUÇÃO

Em uma escrita leve e objetiva, busco aqui levar informações acerca dos segredos de bar que nunca foram documentados. Técnicas e dicas aprendidas atrás dos melhores balcões de bar do mundo e que não são encontrados em qualquer literatura, principalmente na língua portuguesa. O que estava apenas na "coxia" do bar, agora está disponível para quem quer descobrir os segredos revelados aqui. Um livro onde o leitor não vai aprender apenas receitas decoradas em apostilas de cursos de bartender, mas principalmente, a justificativa e o porquê de fazer o que fazemos e da forma como fazemos. Toda essa ciência fica ainda mais divertida quando se trata de observar a coquetelaria com um olhar romântico. A gastronomia líquida, para um mixologista, é ciência e paixão. Aqui, vamos discutir a coquetelaria com um olhar filosófico, e, como um gastrólogo e mixologista brasileiro, sinto-me na obrigação de fazer um panorama sobre a coquetelaria brasileira e suas peculiaridades.

A profissão já está tão globalizada, e as informações de bar do mundo todo tão difundidas que, mesmo que eu não esteja em grandes centros como Nova Iorque, Tóquio, Londres ou São Paulo, posso escrever com clareza sobre a mixologia de todo o mundo. As mídias sociais e os grandes encontros de bartenders, como os torneios mundiais, exercem um papel fundamental e facilitam ainda mais a troca entre nós, bartenders. Quase que instantaneamente posso saber o que os principais bartenders de todo o mundo estão inovando e trazendo de novo para o mercado, seja como tendência, técnica, experiência ou ingredientes.

Sempre foi comum trazer as referências e tendências dos Estados Unidos e da Europa para o Brasil, mas atualmente o Brasil constrói um mercado onde podemos remar do lado contrário. Assim como o Alex Atala assumiu a identidade da gastronomia brasileira, estamos também construindo a identidade da mixologia brasileira. Aqueles ingredientes importados utilizados nos cardápios de drinks para dar pompa agora são substituídos por ingredientes regionais. E, falando de um país continental e com grande variedade de biomas, é clara a riqueza que temos em termo de frutas (que os próprios nativos muitas vezes desconhecem) e plantas alimentícias não convencionais, as Pancs. É pelo paladar que podemos conhecer uma cultura. Não há como conhecer totalmente um povo sem saber o seu gosto.

Perdoem-me se eu exagerar em meus romantismos, mas se percebermos a mixologia como poesia para ser degustada, com todas as suas sutilezas, poderemos também sensibilizarmo-nos com cada receita, foto, conceito e história dos coquetéis que serão citados aqui.

A mixologia

Na mixologia, cada profissional de bar em diferentes países trabalha de forma totalmente original, visto que o coquetel é o resultado do processo de vida do mixologista e tipos de produtos diferentes consumidos em cada região.

O que torna um profissional diferente de outro que vive na mesma cultura é a forma como cada um aplica no seu trabalho novas técnicas e o conhecimento aprofundado de tudo aquilo que ele faz no dia a dia.

A finalidade deste estudo é entender os "porquês". Vamos iniciar a análise com base em um coquetel que vemos e fazemos quase que diariamente: a caipirinha.

Muitos tiram a columela (talo) do limão por acreditar que ele amarga, certo? Bem, mas é só por isso que devemos tirar a casca? Sabemos que a casca tem um nível de acidez maior que o gomo e que o limão cresce a partir da columela, formando gomos que se unem por uma fina película encontrada em maior quantidade entre a casca e o gomo. Quando retiramos a columela, que representa 20% do limão, fica mais fácil para extrair o suco com apenas 2 ou 3 maceradas, evitando assim macerar a casca em excesso e amargando a fruta e, portanto, o coquetel. Isso define o tipo de corte adequado. Aqui falamos apenas do limão, mas quantas frutas e outros ingredientes podemos analisar a fundo para poder saber como aplicar?

Viram o quanto podemos falar do limão? Mas esse não é o único ingrediente em que devemos pensar para fazer a nossa caipirinha. Temos ainda a cachaça. Qual é a melhor cachaça? A branca? A envelhecida? Em qual tipo de madeira? Envelhecida por quantos anos? A cachaça com mais corpo ou a menos oleosa? E o açúcar? Refinado ou cristal? Por quê? E o copo? Por quê?

Pensando dessa forma, alguns fatores como equilíbrio de aromas e sabores (harmonia) começam a ser mais compreensíveis.

Concluindo, o mais importante nessa explicação não é dar o resultado final, mas mostrar a importância do processo na elaboração do coquetel e na forma de pensar a harmonização. Quando falamos em processo, pode ser de uma ideia criativa ou do próprio processo de evolução e crescimento do mixologista. Ao fim das minhas palestras, após mostrar as semelhanças dos trabalhos dos mixologistas, que são muitas, pergunto então qual seria a maior diferença. Alguns respondem e acertam a resposta dizendo: "o próprio mixologista!". Afinal, quem mais viveu o que o outro viveu?

Assim como a arte, a gastronomia/ mixologia são visuais, intuitivas, conceituais, sensíveis e ainda vêm com um bônus: são degustativas! É possível experimentar e se emocionar com um sabor. Antes de tudo, o mixologista é um artista, um arquiteto de sabores e estruturas em copos.

O mixologista

É passado o tempo em que o bartender tinha como função executar alguns coquetéis clássicos. O clássico é um conhecimento básico do bartender, mas, além de conhecer os coquetéis consagrados em todo o mundo, é importante compreender toda a complexidade em torno da atual coquetelaria. Já não basta saber executar coquetéis com maestria e destreza, é necessário acompanhar o mercado, atualizar-se diariamente e acompanhar tudo o que acontece em todas as partes do mundo. O nome mixologista surge como um pós-bartender e gera polêmica quanto ao seu conceito. Para que fique clara a ideia de quem é o mixologista, é necessário compreender as denominações dos profissionais de bar e o que diferencia um do outro:

BARTENDER • Trabalha atrás do balcão de bar, executa os coquetéis, faz controle de estoque, gerencia estoque, gerencia equipe de bar, atende o cliente, gerencia crises, entre outras atividades.

MIXOLOGISTA • Desenvolve pesquisas acerca de técnicas e construção de sabores. Justifica a coquetelaria pela ótica da química e da física.

Escola, formação e conhecimento

COQUETELARIA • Estudo e elaboração de coquetéis. Equivale ao ensino básico da coquetelaria, onde o bartender aprende a base da coquetelaria e todos os clássicos consagrados.

MIXOLOGIA • É o estudo técnico e científico da coquetelaria. Equivale à faculdade. Para ser mixologista, o bartender deve ter conhecimento prévio de física, química, design e construção de conceito. Além de um conhecimento considerável de várias áreas interligadas com a coquetelaria.

MIXOLOGIA MOLECULAR • Equivale à especialização. É a desconstrução dos ingredientes aplicados à coquetelaria. Nessa fase, o bartender estuda fórmulas para alterar a textura dos alimentos.

Não basta ter conhecimento
para ser um bom profissional.
Antes de tudo, é necessário
que o bartender seja
um excelente anfitrião,
se não de nada vale todo
o conhecimento adquirido,
afinal estamos falando
de um profissional de serviço.

INGREDIENTES ARTESANAIS

da panela ao copo

Fermentados caseiros para elaboração de coquetéis

Ginger Ale

Ginger Ale é um refrigerante que se popularizou nos Estados Unidos no período da Lei Seca. Era utilizado para mistura em coquetéis devido ao seu sabor marcante. É muito conhecido também em países como Inglaterra, Canadá e Japão. No Brasil, apesar da dificuldade de encontrar o produto industrializado, ficou muito conhecido pela popularização do coquetel Moscow Mule. Ale sugere no mundo cervejeiro uma alta fermentação. Pelo processo cervejeiro é feito a Ginger Beer, neste caso utilizando malte e o fermento *Saccharomyces cerevisiae*.

Para a elaboração da Ginger Ale bastam quatro ingredientes: gengibre, fermento biológico seco, açúcar e água. A fermentação acontece em temperatura ambiente e o resultado final depende do ambiente onde acontece essa fermentação. Quanto mais calor, mais rápida é a fermentação. O Ginger Ale pode ficar pronto em dois dias ou em uma semana. Para uma segurança maior, pode-se utilizar um manômetro, equipamento utilizado para medir a pressão interna da garrafa onde a bebida está sendo fermentada. Após colocar o manômetro bem fechado na garrafa, coloque na geladeira quando atingir quatro barras de pressão.

Ingredientes

170 g de gengibre
300 g de açúcar refinado
0,3 g de fermento biológico seco
3 litros de água

Modo de preparo

1. Descasque o gengibre e bata com água;
2. Adicione o açúcar e misture bem com uma colher até o açúcar se dissolver;
3. Adicione o fermento biológico seco, misture bem e envase.

Quanto mais gengibre utilizado na receita, mais forte e picante será o sabor da Ginger Ale.

O álcool produzido na fermentação é tão baixo (menos de 1%) que não pode causar mal algum ao organismo.

Shrub

O Shrub (arbusto, em inglês) é fermentado à base de frutas, açúcar e vinagre. Nesse preparo acontece uma fermentação natural entre a fruta e o açúcar, que se torna um preparo ácido com a adição de vinagre. Podem-se usar diferentes tipos de frutas e de vinagre. Antigamente, na década de 1680, era comum a utilização de vinagre de vinho branco. Atualmente, utiliza-se vinagre de maçã de boa qualidade. A vantagem de utilizar o vinagre de maçã é que este resulta em um preparo mais perfumado. A bebida avinagrada pode ser fabricada no próprio bar e utilizada em drinks com a adição de um destilado e água com gás.

Shrub de jabuticaba - Ingredientes

400 g de jabuticaba

400 g de açúcar

150 ml de vinagre de maçã

Modo de preparo

1. Pique a jabuticaba e junte com o açúcar;
2. Guarde em um pote bem vedado por 24 horas;
3. Em uma peneira, amasse a jabuticaba com as costas da colher;
4. Adicione o vinagre de maçã e guarde na geladeira por até 30 dias.

Por ser um fermentado natural, a temperatura ambiente interfere diretamente no tempo de fermentação. Quanto mais calor, mais rápido acontecerá o fenômeno da fermentação.

Xaropes

Xaropes ou *syrups* (em inglês), são bebidas não alcoólicas com grande porcentagem de açúcar. É um tipo de licor não alcoólico e pode ser utilizado para substituir o açúcar refinado ou para compor o sabor de um coquetel.

O xarope simples ou simple syrup é feito apenas com açúcar e água. Pode ser feito com uma parte de açúcar para uma parte de água ou duas partes de açúcar para uma parte de água. Quando o intuito do xarope for apenas adoçar, sugiro a opção de duas partes de açúcar para uma parte de água – quanto menos água na receita, melhor. A proporção de partes deve ser medida em peso, e não em volume. Pode então ser medido com um shot, copo longo, balde ou caixa d'água, não importa.

Uma ótima opção para adoçar o drink é fazer o agave mix. Agave mix é uma mistura de partes iguais de xarope de agave e água. O açúcar branco (sacarose) inicia leve no paladar e na medida em que a temperatura do drink aumenta, vai ficando mais doce. Como o agave tem uma grande quantidade de frutose, inicia doce e vai diminuindo a percepção do doce com o tempo. Como o limão começa forte e ameniza com o tempo, a agave é mais indicada pois acompanha o ácido do pico ao declínio do sabor, melhorando a experiência de quem degusta e mantendo o drink equilibrado do início ao fim.

Se a intenção for adoçar o coquetel, use duas partes de açúcar para uma parte de água. Mas se a intenção for utilizar como licor não alcoólico, use uma parte de açúcar para uma parte de água.

INGREDIENTES ARTESANAIS
Da panela ao copo

Para fazer um xarope, basta levar todos os ingredientes para a panela e ferver a 118 graus. Na gastronomia, chamamos isso de Bala Mole. O ponto de densidade da calda varia de acordo com a temperatura de fervura. Quanto mais alta a temperatura e quanto mais tempo de fervura, menos água; e quanto menos água, mais grossa e "caramelizada" será a calda.

Até mesmo os xaropes simples podem ter uma grande variação. Oras! Mas não são apenas açúcar e água? Sim, são! Mas você pode utilizar uma quantidade infinita de açúcares: açúcar refinado, açúcar mascavo, açúcar cristal, açúcar impalpável, açúcar demerara, xilitol etc ...

Xaropes simples - Ingredientes

2 xícaras de açúcar

1 xícara de água

Modo de preparo

1. Coloque a água e o açúcar na panela e ferva até 118 graus.

Xarope de gengibre - Ingredientes

140 g de gengibre

4 xícaras de água

4 xícaras de açúcar

Modo de preparo

1. Tire a casca do gengibre, pique e bata no liquidificador com água;
2. Coe e passe para uma panela;
3. Adicione açúcar e ferva até 118 graus.

Xarope de limão-siciliano e alecrim - Ingredientes

1 xícara de suco de limão-siciliano coado

1 folha de alecrim

1 xícara de açúcar

Modo de preparo

1. Em uma panela coloque o suco de limão-siciliano, alecrim e açúcar;
2. Ferva até atingir 118 graus;
3. Coe em uma peneira fina.

Xarope de café e baunilha - Ingredientes

1 xícara de café coado forte

1 xícara de açúcar

½ fava de baunilha

Modo de preparo

1. Em uma panela, coloque o café, açúcar e a polpa de baunilha;
2. Ferva até atingir 118 graus.

Xarope de canela - Ingredientes

1 xícara de água

8 paus de canela

1 xícara de açúcar

Modo de preparo

1. Ferva a água com os paus de canela;
2. Adicione açúcar e ferva até atingir 118 graus.

Sweet and sour

Conhecido também como Sour Mix, o *sweet and sour* (doce e azedo) é uma mistura de partes iguais de suco de limão e *simple syrup*. Em alguns casos, utiliza-se também clara de ovo para que o preparo fique mais aerado. Se utilizado, o *sweet and sour* auxilia para dar ponto de equilíbrio ao coquetel.

Na boca, a dança entre doce e ácido se torna um jogo interessante, onde o doce potencializa os sabores e não permite que o ácido fique tão azedo. Em contrapartida, o ácido estimula as papilas gustativas, sugerindo um novo gole, e não deixa que o doce fique enjoativo.

O ácido estimula, o doce sacia. Uma dança na boca que estimula a vontade de saborear.

Sweet and sour clássico
Ingredientes

1 xícara de suco de limão

1 xícara de *simple syrup*

Modo de preparo

1. Misture os dois ingredientes vigorosamente até o preparo ficar uniforme.

Sweet and sour de frutas vermelhas
Ingredientes

100 g de amora

100 g de morango

100 g de framboesa

300 ml de suco de limão

300 g de açúcar

Modo de preparo

1. Bata todos os ingredientes no liquidificador;
2. Leve ao fogo até levantar fervura;
3. Deixe esfriar e engarrafe.

Bitter

Muito embora o termo *bitter* em sua tradução literal signifique amargo, nem sempre o amargo é unânime em uma receita, podendo ter outras qualidades como ácidos, frutados, torrados etc. Para resumir essa definição, podemos ter sabores compostos como amargo-doce, amargo-frutado, amargo-cítrico, entre outros.

O amargor encontrado nos *bitters* é o resultado da infusão de ervas amargas.

Bitter de composição

É servido em maior quantidade. Normalmente, é vendido em garrafas de mais ou menos 1 litro e utiliza-se em média de 20 ml a 60 ml em um coquetel. Bons exemplos de bitters de composição são Campari, Fernet, Jaigermesiter e Undenberg.

Bitter para tempero

É colocado em pequenas quantidades e, como o próprio nome diz, é utilizado para temperar o coquetel. Pode ser adicionado durante a elaboração do coquetel ou após o coquetel estar pronto, apenas para finalizar.

Em média, são utilizadas de duas a cinco gotas. As marcas mais famosas de *bitters* de tempero são Angostura, Peycheaud e Fee Brothers. São vendidos em pequenos frascos de 30 ml a 200 ml.

Infusões

A infusão de ervas é um método de fabricação de remédio de centenas de anos. A mesma técnica de fabricação antiga de remédio através de infusão agora é utilizada para a fabricação de bebidas alcoólicas para ser tomado dentro de um novo conceito, o conceito gastronômico.

Os principais estilos de bebidas feitas atualmente através da infusão são:

1. Bitters de composição, como Campari, Fernet, Undenberg, Jaigermeister
2. Bitters de tempero, como Peycheaud e Angostura
3. Licores
4. Vermouths (infusão em vinho)
5. Chás

Atualmente, há um movimento para a criação de *bitters* caseiros. Esse movimento veio de forma positiva, pois, além das inúmeras possibilidades de novas receitas, o bartender pode criar um produto com a sua própria personalidade. Além da exclusividade do produto, também é uma solução para a falta dos *bitters* na prateleira.

Para a elaboração de um *bitter* são necessários quatro ingredientes básicos: álcool, água, botânicos e xarope simples.

Álcool

Podem ser utilizadas bebidas como rum, vodka, whiskey etc. Mas a melhor opção é o **álcool de cereais 96%**, pois além de ser neutro como a vodka, tem a vantagem de ter uma alta porcentagem de álcool, o que faz com que a matéria-prima tenha uma solução mais eficaz.

Conforme o local da produção se usa whiskey ou whisky. Nos coquetéis deste livro utilizamos o destilado americano, por isso a grafia whiskey.

Água

Após o *bitter* estar pronto, a água é adicionada para diminuir o teor alcoólico. A melhor opção é a **água destilada**.

Botânicos

- **Especiarias** – pimenta-da-jamaica, anis, cominho, cardamomo, pimentões, canela, cravo, coentro, erva-doce, gengibre, bagas de zimbro, noz-moscada, pimenta, grãos de baunilha
- **Ervas e flores** – camomila, hibisco, lúpulo, lavanda, erva-cidreira, hortelã, manjericão, rosa, alecrim, sálvia, tomilho
- **Frutas** – casca de frutas frescas ou secas (limão-taiti, limão-siciliano, lima, laranja-baía, grapefruit), frutas secas (maçã, manga, abacaxi, passas)
- **Nuts** – amêndoas torradas, pecans, nozes, cumaru, café, nibs de cacau
- **Chás diversos**

Xarope

O último ingrediente a ser adicionado tem a função de dar densidade ao preparo. Pode ser utilizado o *simple syrup* para não alterar o sabor da bebida, mas caso deseje, pode utilizar xaropes compostos ou até mesmo mel para compor o sabor do bitter.

Método simples

No método simples, as ervas são misturadas direto na solução (álcool). Retira-se o produto para a filtragem e retorna para o frasco limpo e vazio.

Método indireto (blend)

O blend é uma mistura de infusões já prontas. O mixologista seleciona as infusões já prontas e filtradas e mistura em um novo frasco em porcentagens pré-determinadas. Esse é o método mais indicado, pois respeita o tempo de infusão de cada ingrediente.

Tempo e proporção

Para melhorar a pesquisa, é interessante dividir um litro em até 33 partes, alterando o tempo de descanso e quantidade de ervas em cada frasco. Só assim é possível determinar qual é a melhor receita para as ervas escolhidas, tendo em vista que cada erva tem um tempo limite de infusão.

Etiqueta
Na etiqueta devemos colocar as seguintes informações:
- Data da infusão
- Data da filtragem
- Graduação alcoólica
- Ervas utilizadas na mistura

Vermutes

Bebidas feitas à base de vinho fortificado com infusão de ervas, cascas e especiarias. Os vermutes que mais se parecem com o que temos hoje foram criados em Turim, na Itália, e as marcas mais famosas no Brasil durante muito tempo foram Martini, Nolly Prat, Punt e Mes e Cinzano.

As duas versões mais conhecidas são os vermutes tintos e brancos. O processo de fabricação é basicamente o mesmo, mudando apenas o vinho utilizado.

Muitas bebidas são difíceis de fazer em casa ou no próprio bar e esse não é o caso do vermute. Diante do retorno dos coquetéis clássicos com vermute no nosso mercado, é fascinante a ideia de criar uma bebida caseira com um toque regional, usando nossas ervas, nossas cascas, nossas especiarias e nossas Pancs.

Para a elaboração do vermute caseiro, são necessários os seguintes ingredientes: vinho, destilado, ervas, cascas, flores e especiarias e o açúcar.

1. VINHO

É necessário vinho fortificado tinto para vermutes tintos, e vinho fortificado branco ou vinho branco (gosto de utilizar pinot grigio) para vermutes brancos.

É importante utilizar um vinho de boa qualidade. Eu sempre evito utilizar vinhos muito frutados e prefiro que as ervas, cascas, flores e especiarias façam o trabalho de saborizar e aromatizar o vermute. Como vinho fortificado, pode ser utilizado um vinho do Porto ou Jerez.

2. DESTILADO

Pode ser utilizado álcool de cereais ou vodca como álcool neutro. Duas opções que não alteram o sabor do vermute, mas, caso queira, pode utilizar um brandy mais seco de boa qualidade.

3. ERVAS, CASCAS, FLORES E ESPECIARIAS

Deve ser feita uma boa combinação junto com as notas do vinho. Sugiro a utilização de pelo menos duas ervas amargas na composição, como genciana e dente de leão. Quase como obrigatórias, sugiro algumas ervas como a artemísia.

4. AÇÚCAR

Pode ser adicionado diretamente refinado ou em forma de xarope. Recomendo uma quantidade de açúcar a gosto – ela pode ser regulada enquanto o vermute é fabricado.

Vermute caseiro - Ingredientes

1 garrafa de vinho branco seco
70 ml de vinho do Porto Tawny
200 ml de cognac
100 g de açúcar
½ colher de artemísia
½ colher de genciana
¼ colher de tomilho
¼ colher de angélica
½ fava de baunilha
½ colher de camomila
8 folhinhas de alecrim
2 folhas de manjericão
¼ de cumaru
Casca de ½ laranja-baía
5 g de garcínia

Existem três modos de preparar o vermute caseiro:

1º Inserir os temperos em álcool de cereais, deixar descansar e depois misturar o vinho e o açúcar.

2º Inserir os temperos no vinho, deixar descansar e depois misturar o álcool e o açúcar.

3º Aquecer o vinho com os temperos, misturar com álcool e açúcar e coar.

Gelo

O gelo é o ingrediente mais utilizado na coquetelaria e, apesar disso, faz pouco tempo que começamos a estudar mais sobre a estrutura de gelo ideal para o coquetel. Algumas questões são muito importantes na hora de decidir qual gelo é melhor para utilizar, tais como: qual a água utilizada, o tamanho e o formato.

A partir disso, podemos definir que tipo de diluição queremos no nosso coquetel. O ideal é que possamos trabalhar com mais de um tipo de gelo no bar. Para alguns coquetéis, uma diluição maior é desejável. Neste caso, utilizamos o gelo triturado filtrado. Para outros, desejamos que a diluição do coquetel seja lenta e, por isso, utilizamos gelos maiores em forma de esfera ou cubo.

Gelo também tem receita

Água do gelo

A água não pode ter impurezas minerais. Quanto mais pura, melhor. Para produzir a água ideal, é necessário fazer duas fervuras para eliminar o oxigênio que deixa a bebida esbranquiçada.

Tamanho do gelo

Quanto maior for o gelo, menor a diluição. O tamanho de 2,5 cm é ideal para um uso geral, mas o indicado é ter à disposição uma quantidade maior de tamanhos de gelo para diferentes tipos de coquetéis.

Formato do gelo

Para bater na coqueteleira, o ideal é utilizar o gelo em cubo sem furo. Para gelos maiores, pode ser utilizado o gelo em cubo ou esfera. Há uma vantagem no gelo esfera por ter uma diluição menor. O degelo começa pelas pontas do gelo e isso justifica o uso do gelo em formato de esfera em coquetéis potentes de sabor que sejam servidos em copos baixos, como o negroni, por exemplo.

MÉTODOS PARA ELABORAR O GELO TRANSLÚCIDO PERFEITO

1. Método da água fervida
Ferva a água duas vezes e guarde-a em recipiente bem vedado.

2. Método do congelamento de cima para baixo
Coloque a água em uma caixa térmica sem tampa e leve para o congelador. A caixa térmica retarda o tempo de congelamento. O gelo começa a se formar de cima para baixo e, com isso, empurra todo o oxigênio para o fundo do recipiente, 60% do gelo fica translúcido em um aspecto envidraçado. O gelo que fica esbranquiçado pode ser reaproveitado em coquetéis que levam gelo triturado ou para gelar espumante etc.

3. Método de congelamento em alta temperatura
Semelhante ao método de congelamento de cima para baixo, mas sem a utilização de caixa térmica. Coloque a temperatura do freezer em -1 ºC e deixe congelar por 24 horas.

4. Método de congelamento inferior com cooler
Primero, coloque água em um recipiente e depois despeje sal. Coloque no congelador por três horas e retire antes que comece a criar crostas de gelo na superfície. Coloque uma forma de gelo boiando na tigela de água com sal. Despeje água fria. Coloque no congelador.

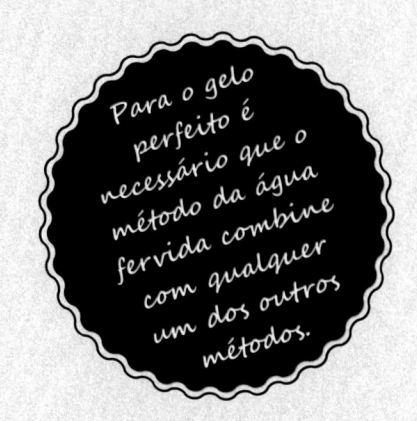

Para o gelo perfeito é necessário que o método da água fervida combine com qualquer um dos outros métodos.

Corte do gelo

Para cortar o gelo, podem ser utilizados um serrote ou uma serra tico-tico. Para finalizar, utiliza-se uma faca de chef bem afiada para corrigir defeitos.

Esculpindo gelo

Para esculpir o gelo, utiliza-se o ice pick, um recipiente com uma ou três pontas de aço próprio para esse uso.

Personalizando o gelo

Para gravar uma marca em um cubo de gelo, é necessário um "carimbo" especial feito de metal. Como o metal tem baixa capacidade térmica, o gelo fica marcado. Quanto maior forem a letra e os traços da marca, mais nítidos estes serão.

TÉCNICAS DE BAR

modos de elaboração do coquetel

Batido na coqueteleira

Modo de fazer:
Colocar os ingredientes com gelo na coqueteleira e bater vigorosamente por 12 segundos de forma que o gelo bata nas duas pontas.

Quando fazer:
Quando as densidades dos ingredientes misturados são diferentes e o objetivo final é uma mistura uniforme. Calor e gás são inadequados nessa técnica, pois criam pressão dentro da coqueteleira e provocam vazamento.

Mexido no mixing glass

Modo de fazer:
Em um copo alto de vidro resistente, mexer a bebida junto com o gelo utilizando uma colher de bar (colher bailarina).

Quando fazer:
Quando as densidades dos ingredientes misturados são semelhantes.

Montado direto no copo

Modo de fazer:
Adicionando gelo e bebida diretamente no copo.

Quando fazer:
Quando as densidades dos ingredientes são diferentes e o objetivo final é formar camadas ou degradê.

Dry shake

Modo de fazer:
Bater o coquetel sem gelo antes de bater com gelo.

Quando fazer:
Quando se utilizam ovos na receita e o objetivo final é de uma textura mais leve e cremosa, tornando o drink com maior potência aromática.

Reverse dry shake

Modo de fazer:
Após bater o coquetel com gelo, retirar o gelo e bater o coquetel seco.

Quando fazer:
Quando se utiliza clara de ovo e o objetivo final é criar uma espuma ainda mais densa.

Throwing

Modo de fazer:
Jogar o coquetel de uma coqueteleira para outra, segurando o gelo no copo de cima a uma grande distância.

Quando fazer:
Quando se utilizam bebidas derivadas do vinho, como o vermouth ou Jerez e o objetivo é criar bolhas de ar para dar uma textura aveludada, além de aumentar a potência aromática.

CRIAÇÃO

de coquetéis

Criação é um tema que preocupa e assusta muitos bartenders. Geralmente, eles se queixam por não saber sequer por onde começar a criar um coquetel. Escuto com frequência frases, como: "Eu não sou criativo" ou "Eu gostaria de ser mais criativo como fulano", ou ainda "Não tenho ideia alguma".

Quando um aluno inicia o curso de mixologia, chega com uma certa preocupação e tensão que são visíveis pelas expressões do rosto.

O fato é que todo mundo é criativo e qualquer um pode criar um bom coquetel. E isso não depende somente da experiência do bartender, mas mais ainda do método que ele for utilizar para iniciar a sua jornada na criação dos coquetéis.

É muito difícil criar um coquetel do nada e, principalmente, sem um propósito. E não basta apenas mergulhar no ócio criativo para surgirem ideias incríveis. Melhor do que esperar uma luz acender na cabeça é criar recursos para provocar estímulos criativos. Claro que um drink pode nascer de uma inspiração, de algo que foi visto e onde foi feita uma associação de ideias, mas nem sempre conseguimos enxergar essa solução que está bem à nossa frente. Então, o que podemos fazer? A saída é desenvolver um processo de criação e seguir as etapas do projeto até chegar à solução idealizada. Se é difícil criar a partir do nada, vamos então começar a procurar artifícios. Quanto mais recursos um bartender desenvolve, mais criativo ele pode ser.

PRIMEIRA ETAPA
Design de Serviços

Conhecer o negócio como um todo onde o coquetel será inserido. Aqui, vamos iniciar o trabalho de Design de Serviços.

O que é Design

Design é a palavra em inglês para desenho, do verbo latino *designare*, que significa traçar, apontar, mostrar uma direção.

Aqui, posso apontar o Design no sentido de DRAW (desenho) ou SERVICE (serviço). Para a mixologia moderna, o Design vai muito além da Imagem. Para entender melhor, podemos comparar o DESIGN como serviço e o DESIGN como imagem com o Marketing e a Propaganda. Marketing é o conjunto de estratégias que utilizam meios para atingir um objetivo e a propaganda é apenas um dos recursos do projeto como um todo. Aqui, o Design de Serviço seria o Marketing e o Design como Imagem seria a Propaganda. Para montar um bar ou um cardápio precisamos então DESIGNARE um projeto. Esses dois conceitos estão inseridos na essência do Design que envolve projeto, estética, comunicação e solução.

Design de Serviços

O design de serviços ou *service design* é um tópico que sempre existiu. Aliás, tudo é serviço e sempre houve serviço. A função do design de serviços é desenhar um projeto, traçar uma rota para melhorar e/ou reavaliar o serviço que está sendo feito. Tudo isso começa com alguns questionamentos: como deve ser a experiência do consumidor ao usar esse serviço? Como deve ser a experiência do funcionário ao prestar esse serviço? Como uma empresa se mantém fiel à sua missão e se mantém relevante para o consumidor, ao mesmo tempo?

No design de serviços, não devemos focar apenas no cliente, mas principalmente em todos os envolvidos. A experiência de quem trabalha e faz parte do projeto conta tanto quanto a experiência do cliente. Nisso, o design de serviços é de suma importância, pois estuda interações entre todas as pessoas envolvidas no serviço e não apenas no consumidor, cuida dos processos, cuida dos espaços, cuida dos dispositivos onde esse serviço acontece e da experiência que a empresa deseja que os usuários tenham.

Para o melhor desenvolvimento do design de serviços, você pode seguir quatro passos: exploração, criação, reflexão e implementação.

Exploração

Tudo começa com a etnografia, ou seja, o estudo de um determinado grupo. Nesta fase, os pesquisadores precisam saber tudo sobre os hábitos, gostos, preferências, necessidades, interações e percepções dos clientes. É observar tão de perto a ponto de se inserir no próprio convívio do grupo pesquisado.

Criação

A partir do momento em que você já reuniu conhecimento sobre o seu público, é hora de chamar a equipe para a criação. Fazer os brainstorms (chuva de palpites) e *post-its* para criar o serviço e o produto. Um erro comum é deixar que o momento de criação fique apenas para os integrantes de altos cargos e especialistas naquele assunto. Esse processo é muito mais proveitoso quando todos os envolvidos no projeto estão presentes, desde os colaboradores dos serviços gerais até a gerência. É inacreditável como ideias incríveis surgem de quem menos esperamos. Quanto mais sugestões forem feitas, maiores são as possibilidades de surgirem melhores ideias.

Reflexão

É o momento de fazer os primeiros testes e protótipos. É como abrir um bar funcionando normalmente apenas para alguns convidados que sabem que essa é uma fase de testes. Hora de testar o fluxo operacional, a administração, os sistemas eletrônicos, a capacidade de produção, e avaliar quais tipos de imprevistos podem surgir no dia a dia. O ideal é fazer um *soft open*. Quem abre um bar sem testar o produto e serviço antes acaba por dar um tiro no pé. Um tiro maior ainda quando há imprensa envolvida na inauguração. Imprensa só deve ser convidada quando nada mais puder dar errado.

Implementação

Aqui não é implementar de fato. Essa é a hora de fazer as mudanças gerenciais que só podem ser feitas se de fato houver bastante clareza por parte de todos os envolvidos. Todos precisam compreender as mudanças na sua totalidade. Não existe uma conclusão definitiva em um trabalho de design de serviços. Os processos podem ser retomados de tempos em tempos de acordo com a necessidade de cada negócio. É importante o espírito dinâmico da equipe para o tempo todo avaliar, reavaliar e traçar um novo projeto.

SEGUNDA ETAPA
Tema

Nessa etapa vamos trabalhar o tema do coquetel, definindo-o a partir do tema do bar (ou do local onde o coquetel vai ser servido).

Por exemplo, se o bar tem a temática de cinema, é necessário mergulhar no mundo do cinema. Pesquisar todos os coquetéis citados em filmes famosos e, obviamente, criar coquetéis inspirados em filmes. Se o tema do bar é viagem, é possível dar uma volta ao mundo através de coquetéis clássicos e exclusivos criados pelo bartender da casa. Com o tema definido, começamos então pelo brainstorm.

TERCEIRA ETAPA
Brainstorm

Uma vez que o tema do coquetel esteja definido, é hora de fazer um brainstorm.

O brainstorm (ou chuva de ideias) é a melhor forma de explorar infinitas possibilidades. Basta pegar uma caneta e um papel e anotar todas as palavras que vem à cabeça. Nesse momento, o criador não pode se policiar. Quando eu digo escrever tudo, é tudo mesmo. Por exemplo: o tema é cinema, então começo a escrever... cinema, pipoca, telão, suspense, câmera, *take*, Chaplin, set, estúdio, Hollywood, Fernanda Montenegro, Jim Carrey.... Não há uma quantidade máxima de palavras para serem escritas, quanto mais, melhor. A partir dos elementos que colocamos no papel, podemos começar a elaborar o nosso coquetel e, além de ajudar na criação do drink em si, já é possível trazer para o copo os elementos necessários para contar essa história. Atualmente, os torneios mundiais avaliam se o bartender é um bom contador de histórias e, em alguns casos, a história é bastante relevante para que o competidor garanta uma boa pontuação. O nome dessa técnica é *Storytelling* e veremos como utilizá-la mais à frente.

QUARTA ETAPA
Flavor pairing

Agora vamos definir os ingredientes dos coquetéis utilizando o método do *flavor pairing*.

Flavor pairing é o pareamento de sabores documentados pelo bartender. Os pareamentos de sabores podem ser feitos de forma científica ou intuitiva. O chef inglês Heston Blumental, por exemplo, faz pareamentos de sabor de acordo com a cadeia de elementos químicos dos ingredientes. Com isso, harmoniza ingredientes improváveis como carne de porco e flor de jasmim. Ambos contêm a substância INDOLE. Essa é a forma científica de fazer um *flavor pairing*. Quem não tem tanto conhecimento das substâncias dos elementos pode fazer de forma intuitiva.

Para começar a montar o nosso mapa de combinações de forma organizada, você pode escrever o nome do ingrediente principal no centro de uma página e a partir dele fazer ramificações. Divida as ramificações em subgrupos como óleos, frutas, verduras, hortaliças, bebidas alcoólicas e não alcoólicas, especiarias etc.

O interessante desse método é que ele pode gerar infinitas combinações. Você pode trocar o ingrediente do centro por outro que combine com ele e fazer novas ramificações.

Após fazer o *flavor pairing* tendo o ingrediente principal, é possível fazer as combinações tanto para elaborar o coquetel, quanto para harmonizar o coquetel com um prato. Coloque qualquer ingrediente no centro do círculo, tornando-o um ingrediente principal e monte novas ramificações, assim vai poder aumentar cada vez mais a sua biblioteca de combinações. Quanto maiores forem as combinações, maiores são as possibilidades e recursos para criar um coquetel. Quanto mais recursos, mais criativo o bartender se torna. Aliás, como já vimos anteriormente, é muito mais difícil criar em cima do nada e do vazio.

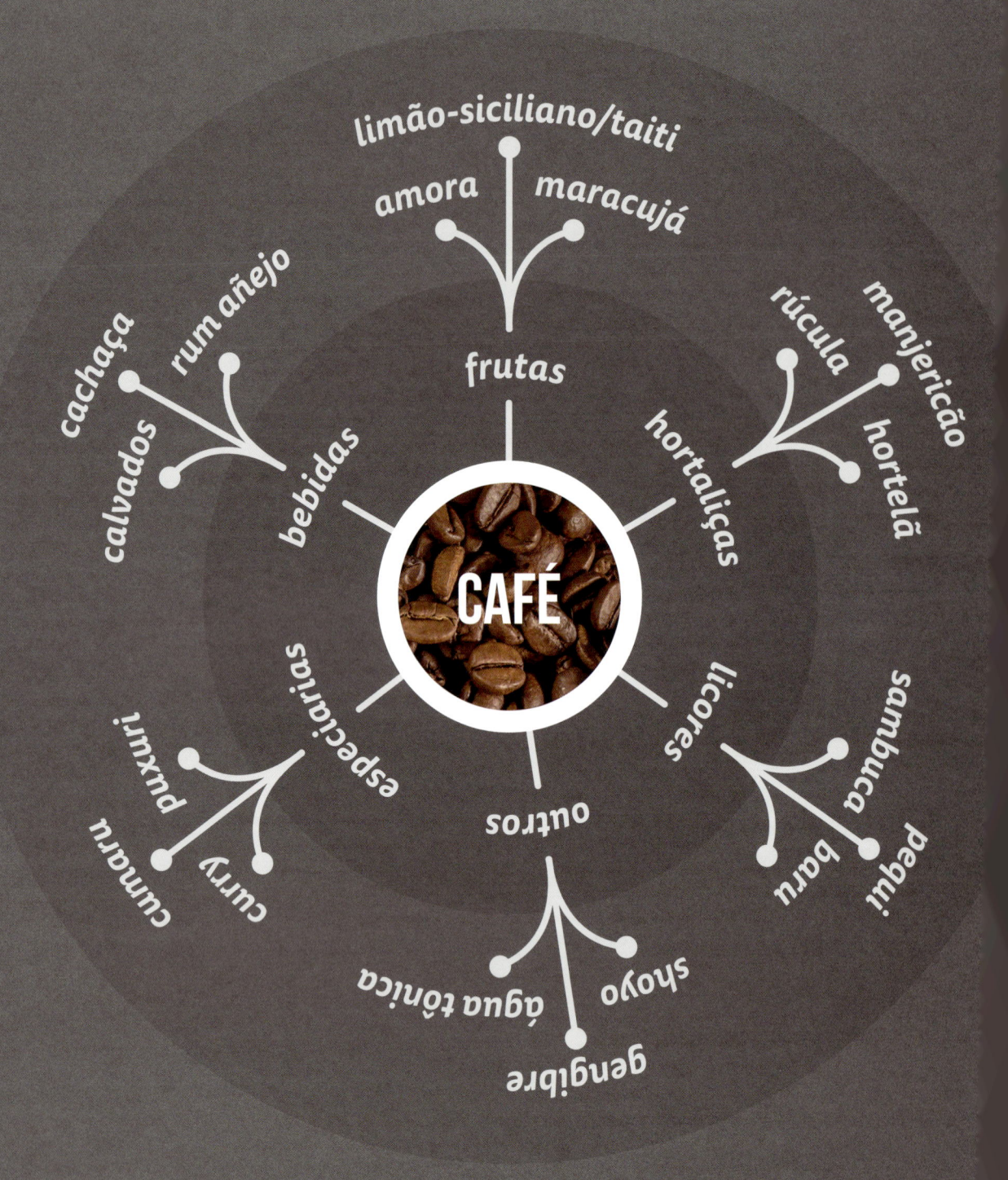

Não é necessário utilizar as mais exóticas frutas e os ingredientes mais caros. Uma grande ideia pode partir de um detalhe. Muitas vezes, nos cursos de mixologia, quando começo a elaborar o *flavor pairing* com os alunos, e escolho um ingrediente simples, como café, os alunos fazem associações muito óbvias: as primeiras palavras que dizem são chocolate, laranja, leite, avelã... Se eu fizer isso em dez turmas, as dez turmas dirão as mesmas coisas. Elaborar um bom *flavor pairing* exige que o bartender saia da sua zona de conforto. Geralmente, os bartenders que começam a utilizar esse método se limitam àquilo que está inserido em sua cultura. Para sair da caixinha, é necessário muita pesquisa e, muitas vezes, percorrer outros campos da gastronomia como a enologia, as diversas linhas da cozinha (cozinha quente, confeitaria, cozinha internacional etc.), os recursos dos baristas, entre outros.

QUINTA ETAPA
Ponto de equilíbrio

Como atingir o ponto de equilíbrio dos coquetéis: harmonizá-lo.

Combinar ingredientes é sempre um jogo muito interessante. Quando começo a elaborar um coquetel, primeiro combino e só depois eu regulo esses ingredientes. Regular é chegar em um ponto de equilíbrio entre álcool, ácido, doce, amargo e umami. Para combinar os ingredientes, utilizo o recurso do *flavor pairing*, que, como vimos no tópico, anterior é o pareamento de sabores, ou seja, a combinação. Após combinados, faço a regulagem com o *flavor profile*, que são os gráficos de sabores.

Ponto de equilíbrio 1: ÁLCOOL + DOCE + ÁCIDO

Ponto de equilíbrio 2: ÁLCOOL + DOCE + ÁCIDO + AMARGO

Podemos adicionar a solução salina nos dois casos. A função da solução salina é abrir melhor os sabores. Uma sugestão é fazer uma tintura salina com o álcool de cereais e sal grosso.

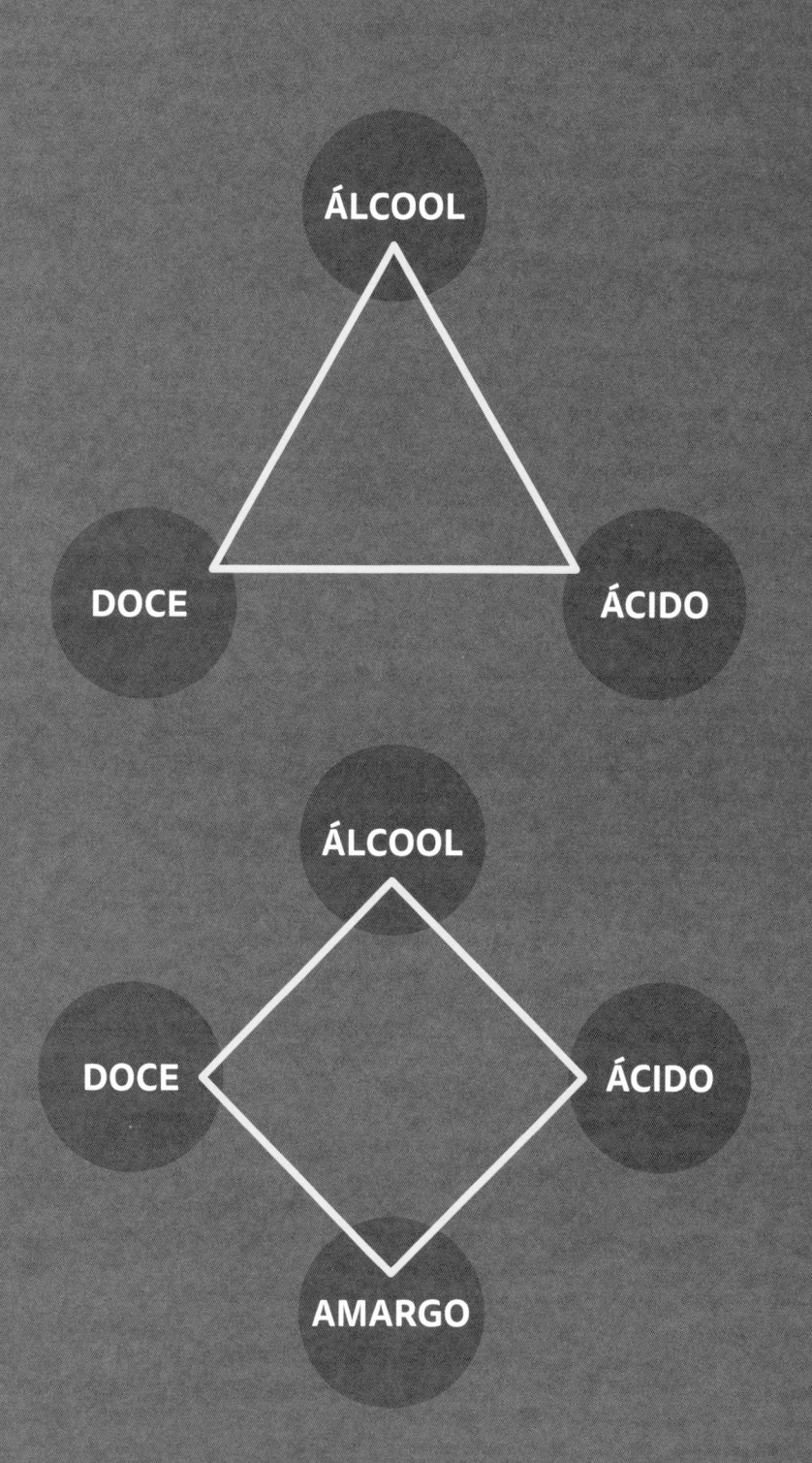

Álcool

Também chamado de espirituoso, é adicionado como um "ingrediente social". Nos coquetéis, o álcool não pode incomodar o olfato ou paladar. A tarefa do mixologista é desenvolver um drink onde as notas do álcool são acentuadas, mas não o álcool em si.

Doce

Potencializador do sabor. Tem a função de equilibrar o ácido e compor os amargados. Em excesso, fica bastante enjoativo. Os doces podem ser encontrados em diferentes bebidas, como: licores, bitters, vermutes, sucos e refrigerantes, além de diferentes tipos de açúcares como açúcar refinado, mascavo, demerara, xilitol, entre outros. Muitos alunos me perguntam se podemos utilizar o açúcar refinado, por exemplo, mesmo que o coquetel já leve licor. Uma coisa não anula a outra, os açúcares podem e devem ser combinados entre si. Pode-se utilizar então um conjunto de açúcares que se complementam.

Ácido

Estimulador da papila gustativa. Aumenta a produção de saliva e equilibra o doce para que este não fique enjoativo. Para coquetéis amargos, auxilia na diminuição do amargor também. Em excesso, se dá a percepção do azedo. Os ácidos são encontrados em frutas como abacaxi não muito maduro, morango, amora, limão-taiti, limão-siciliano, limões diversos, tamarindo entre outros. Para a execução de um coquetel, pode ser utilizado mais de um tipo de ingrediente ácido e estes devem ser combinados/regulados.

Amargo

O amargor oferece ao coquetel maior estrutura. Assim como os taninos dão estrutura para o vinho, o amargor dá estrutura para o coquetel. Coquetéis amargos costumam ser potentes. Para reduzir o amargor, pode-se utilizar ingredientes doces e ácidos.

Umami

O quinto sabor tem sido muito explorado em drinks e coquetéis. Para isso, utiliza-se solução salina ou tintura salina. A solução salina auxilia a abertura de sabores no coquetel e deve ser utilizada em pequenas quantidades.

Os ingredientes podem ser equilibrados com a ajuda de uma tabela de cálculos já pré-determinada. Para isso, é importante que o bartender conheça todos os ingredientes que está utilizando no coquetel. Se forem utilizados ingredientes como Campari, por exemplo, o bartender não pode considerar apenas o amargor da bebida. É necessário levar em consideração também o dulçor e, com isso, equilibrar o dulçor do Campari com o dulçor de outras bebidas e do açúcar refinado, caso houver. Nesse sentido, o sal entra para equilibrar os sabores doces e amargos, acentuando o sabor ácido. Os íons de sódio bloqueiam a capacidade do palato de sentir a amargura, tornando a doçura e/ou a acidez mais perceptíveis. Em um negroni, por exemplo, equilibram o dulçor do vermute e do Campari, reduzem o amargor do Campari, vermute e gin, aumentando a acidez da laranja-baía. Pronto! Temos um jogo de sabores que dançam na língua.

Para equilibrar o dulçor, o sal necessita ser adicionado em pouca quantidade. Em grande quantidade, anula. Em coquetéis longos com gás, neutraliza a percepção dos gostos indesejáveis do CO_2. Em espumantes, abre aromas desejáveis. Em drinks com clara de ovo, estabiliza as cadeias de proteínas e potencializa as cadeias aromáticas. Em drinks mexidos, libera cadeias aromáticas.

Sal

O sal pode ser utilizado puro, em pó. Mas para ser mais preciso na proporção e padronização de um coquetel, sugiro fazer a solução salina (água e sal) ou a tintura salina (álcool de cereais e sal). Não existe um cálculo que seja considerado o melhor – eu utilizo 20 g de sal para 80 ml de água ou álcool. Pode ser utilizado 15, 30... como preferir. Sugiro que utilize 3 ou 4 medidas diferentes para atender uma gama maior de coquetéis. Para melhorar o coquetel bastam duas gotas.

Em uma tabela de cálculo por cada tipo de copo eu sugiro:

Fórmula 1
30 ml de álcool
+ 30 ml de ácido
+ 30 ml de doce

Fórmula 2
50 ml de álcool
+ 30 ml de ácido
+ 20 ml de doce

Fórmula 3
50 ml de álcool
+ 15 ml de ácido
+ 25 ml de doce

Fórmula 4
40 ml de álcool
+ 30 ml de ácido
+ 30 ml de doce

Fórmula 5
70 ml de álcool
+ 10 ml de ácido

Fórmula 6
50 ml de álcool
+ 15 ml de ácido
+ 20 ml de amargo

TAÇA MARTINI

MARGARITA

30 ml ácido — 30 ml suco de limão
30 ml doce — 30 ml licor Cointreau
60 ml álcool — 30 ml tequila

ALMOND SOUR

30 ml ácido — 30 ml suco de limão
30 ml doce — 20 ml symple syrup
50 ml álcool — 10 ml licor de amêndoas
— 40 ml wiskey

COPO BAIXO

90 ml de álcool com componentes amargos + 15 ml de ácido

- Até 60 ml de álcool com componentes doces.
- Até 30 ml de álcool com componentes secos.

COPO LONG DRINK

Até 70 ml de álcool + até 25 ml de ácido + até 15 ml de componentes amargos + até 20 ml de componentes doces

CORPO
3.0

DULÇOR
3.0

MADEIRA
0.0

ACIDEZ
3.5

CALOR
3.0

5
4
3
2
1

PICÂNCIA
2.5

FRUTAS FRESCAS
2.0

FRUTAS SECAS
3.5

Flavor profile

O perfil de sabor ou gráfico de sabor auxilia na construção. Se no gráfico, por exemplo, eu consigo analisar aspectos do sabor e seus níveis de equilíbrio, é possível definir a quantidade adequada de cada ingrediente.

Flavor profile é o perfil de sabor. É uma forma de visualizar e compreender os seus aspectos apenas pelo gráfico. A partir dos gráficos analisados em cada bebida do mesmo tipo – mas de marcas diferentes – é possível decidir qual marca tem o perfil mais adequado para o seu coquetel. Como exemplo podemos analisar o perfil de dois licores de laranja de marcas diferentes: Cointreau e Grand Marnier.

A marca Cointreau tem como característica um sabor de laranja mais limpo que o Grand Marnier. Elaborado a partir do álcool neutro, tem no aroma também os óleos da laranja. Já o licor Grand Marnier é feito à base de cognac, com isso traz aromas de baunilha e madeira, na boca, um dulçor mais acentuado.

Para o Grand Marnier, posso marcar **4.0** em dulçor no *flavor profile*. Vamos supor que eu vou elaborar um coquetel à base de whiskey e licor de laranja.

Harmonização

Para a criação de um coquetel, seria adequado incluir o assunto do título mencionado.

Antes de tudo, vou colocar algumas perspectivas da palavra HARMONIA.

A harmonia é um conceito clássico que se relaciona às ideias de beleza, proporção e ordem. Quanto ao design, podemos definir harmonia como efeito da composição de formas, não de maneira aleatória, mas de modo que contornos e enchimentos sejam bem definidos, variando segundo um grau de importância pré-estabelecido e se relacionando com o esquema geral da organização do objeto. Esse objeto pode ser qualquer entidade que esteja sendo composta por partes (engrenagens) menores. A harmonia é aquilo que possui "disposição bem ordenada das partes de um todo" ou "proporção, ordem, simetria".

Harmonizar não significa apenas combinar. As palavras mais adequadas para associar-se com HARMONIZAR seriam POTENCIALIZAR e MELHORAR. Um ingrediente precisa melhorar o outro. Ressaltar o que há de melhor para encontrar o equilíbrio.

Qual caraterística eu quero no meu coquetel? Um tom mais amadeirado? Um toque de baunilha no aroma? Ou quero um aroma mais limpo de laranja? O que combina mais com a madeira do whiskey? Qual whiskey funde melhor com o licor Cointreau? Qual whiskey combina mais com o licor Grand Marnier? O que eu espero do resultado final e como posso chegar até ele com meu whiskey e meu licor de laranja? A partir destas respostas, é possível ter uma grande possibilidade de resultados para uma mesma ideia.

EQUILÍBRIO é o estado de permanência de uma situação, uma espécie de *status quo*, no qual as diferentes partes de um sistema podem conviver harmoniosamente na medida em que seus interesses sejam contemplados de maneira relativamente equânime.

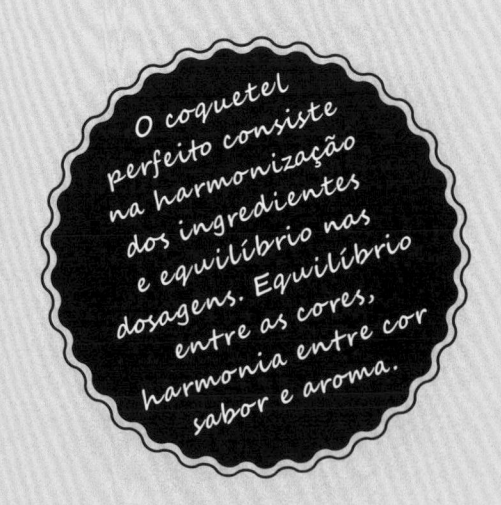

O coquetel perfeito consiste na harmonização dos ingredientes e equilíbrio nas dosagens. Equilíbrio entre as cores, harmonia entre cor sabor e aroma.

SEXTA ETAPA
Cocktail stylist

Chegou a hora de desenvolver a apresentação visual do coquetel.

O design, no sentido gráfico e estético, necessita ser organizado de forma ordenada e não aleatória e, para isso, vamos organizar os espaços físicos do coquetel. Vamos projetar uma imagem observando os seguintes pontos: **proporção, ordem, cores, elementos internos e externos**. Com esses elementos observados individualmente, é possível estruturar o coquetel com um visual coerente, sem exageros e breguices.

Esses elementos são importantes também para ajudar a montar a defesa do tema do coquetel ou o *storytelling*, como já falamos antes.

Proporção

Proporção é o tamanho de um objeto em relação a outro objeto. Se uma guarnição tem a metade do tamanho de uma taça, por exemplo, ela está grande demais, ou seja, desproporcional. Um enfeite nunca pode ser algo muito exagerado, se não deixa de ser apenas um enfeite. Para definir bem a proporção dos elementos, pode ser feito um desenho em uma folha branca do que irá compor o coquetel. Assim é possível ter uma boa ideia se um objeto está grande demais ou pequeno demais em relação ao outro. O meio do caminho é onde a guarnição aparece, mas não fica tão grande, de forma que a taça ou copo se destaque como decoração.

Ordem

Onde os objetos estão posicionados. Após definir qual é a melhor proporção entre os ingredientes, é necessário escolher onde serão posicionados. Para uma montagem mais conservadora pode ser utilizada uma régua e se montar um coquetel simétrico, geralmente uma linha de coquetelaria mais clássica. Para uma montagem mais moderna, os elementos podem ser assimétricos. É possível elaborar um coquetel clássico com um toque moderno utilizando cortes com ângulos menos simétricos.

Quantidade

A quantidade de elementos irá definir uma linha visual, que pode ir do minimalismo à profusão.

- **Minimalismo**
  Poucos elementos, delicados, colocados como detalhes. É como um brinco de pérola em um corpo nu.

- **Profusão**
  Muitos elementos, visualmente preenchidos, posicionados de forma que o olhar passeie no meio de tanta informação. Apesar de ter muitos elementos, um trabalho de profusão deve ser leve e gostoso de ver, e não ser confundido com uma imagem poluída.

Cores
A composição de cores do coquetel

Para escolher as opções de cores que serão usadas no coquetel, é necessário definir uma paleta de cores. A paleta de cores é definida a partir do estilo e combinação necessários para transmitir a história que o coquetel vai contar. Em qualquer paleta utilizada é importante que exista harmonia.

O primeiro passo é fazer um ciclo cromático. O ciclo cromático deve ser composto metade por cores quentes e metade por cores frias. O círculo cromático deve ser dividido em 12 cores, sendo três cores primárias, três cores secundárias e seis cores terciárias. As três cores primárias são: amarelo, vermelho e azul. Quando misturadas essas três cores entre si, teremos as cores secundárias, por exemplo: vermelho + azul = violeta; azul + amarelo = verde; e vermelho + amarelo = laranja. Para obter as seis cores terciárias: vermelho violeta = vermelho + violeta; azul violeta = azul + violeta; azul esverdeado = azul + verde; amarelo esverdeado = amarelo + verde; amarelo alaranjado = amarelo + laranja; vermelho alaranjado = amarelo + laranja.

A partir do círculo cromático, podemos criar combinações de cores avançadas. São combinações perfeitas e o estudo dessa técnica pode auxiliar o bartender na colocação dos elementos no coquetel. Algumas combinações muito utilizadas são as combinações de cor tríade, combinação de cor complementar dividida, combinação de cor quadrada e combinação de cor retângulo.

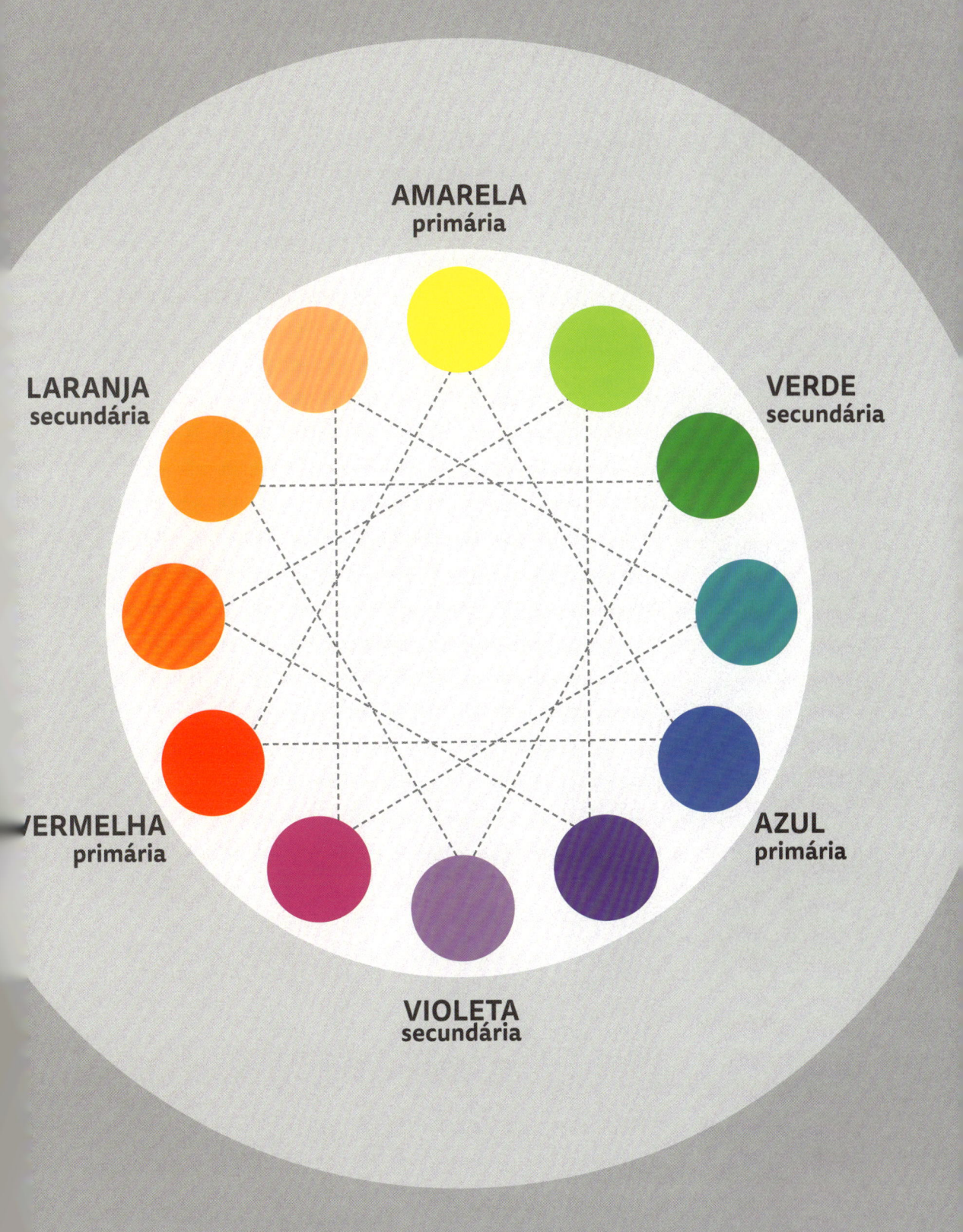

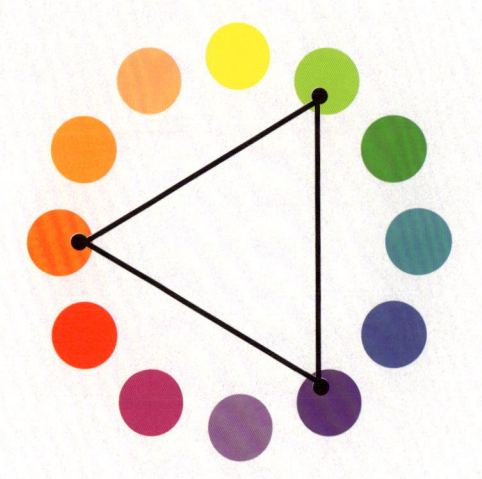

COMBINAÇÃO DE COR TRÍADE

A combinação de cores tríade é feita utilizando três cores equidistantes no círculo cromático. Essa combinação forma um triângulo equilátero dentro do círculo cromático. É muito simples de fazer, escolha uma cor no círculo cromático, salte três cores, escolha a próxima, salte mais três cores e escolha a próxima. Faça um trabalho utilizando estas três cores escolhidas.

Veja os exemplos a seguir:

Vermelho	Amarelo	Azul
Verde	Laranja	Violeta
Vermelho alaranjado	Azul violeta	Amarelo esverdeado

Essas combinações são muito comuns na coquetelaria dos anos 1980, quando surge coquetéis com cores mais vibrantes.

COMBINAÇÃO DE COR COMPLEMENTAR DIVIDIDA

A combinação de cores complementares dividida é um pouco menos vibrante que a combinação de cor análoga (ou complementar), estudada anteriormente. É bem simples de se fazer. Ao invés de se escolher a cor complementar direta, escolhe-se as duas cores adjacentes. Ou seja, se escolhermos o vermelho, as duas outras cores serão: verde amarelado e verde azulado. Utilizada na coquetelaria moderna como "pós anos 1980".

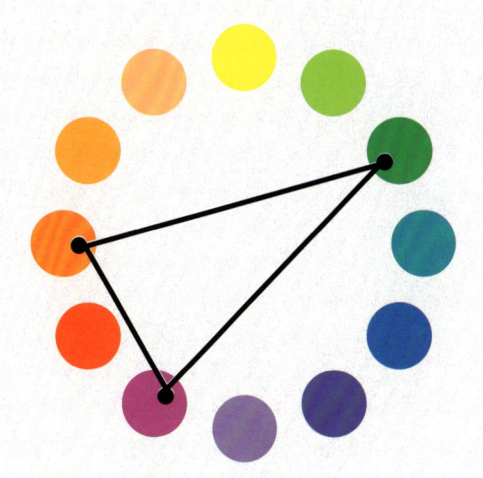

Veja os exemplos a seguir:

Vermelho	Amarelo esverdeado	Azul esverdeado
Violeta	Amarelo alaranjado	Amarelo esverdeado
Azul	Vermelho alaranjado	Amarelo alaranjado

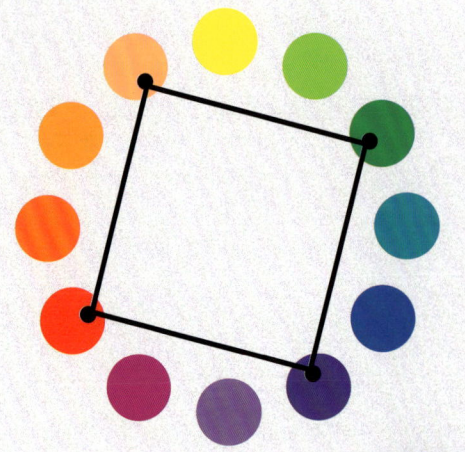

COMBINAÇÃO DE COR QUADRADO HARMÔNICO (HARMONIA 90°)

A combinação de cor quadrado harmônico utiliza quatro cores que formam um quadrado dentro do círculo cromático. É uma combinação de cor vibrante, já que é utilizada a combinação de duas cores complementares.

Veja os exemplos a seguir:

 Azul violeta

 Vermelho

 Verde

 Amarelo alaranjado

 Vermelho alaranjado

 Amarelo

 Azul esverdeado

 Violeta

COMBINAÇÃO DE COR RETÂNGULO

A combinação de cor retângulo utiliza quatro cores, semelhantes à combinação descrita ao lado. Porém, forma-se um retângulo no círculo cromático. Também é uma combinação de cor vibrante e aplicada à coquetelaria dos anos 1980 em diante.

Veja os exemplos a seguir:

| Azul | Vermelho | Verde | Laranja |

| Vermelho | Amarelo | Violeta | Verde |

MONOCROMIA

Na monocromia, podem ser utilizadas as mesmas cores em tons diferentes. Geralmente, os coquetéis monocromáticos são minimalistas, mas, claro, isso não é uma regra. É muito comum encontrar a monocromia na coquetelaria clássica. Em alguns casos, também em drinks à base de café. A cores análogas também são comuns em coquetéis com café.

Pela internet é possível montar uma paleta de cores no link gratuito da Adobe: https://color.adobe.com

Elementos internos e externos

Os elementos internos são aqueles que estão dentro do copo: cor, textura e densidade do coquetel e todos os outros elementos comestíveis de guarnição que ficam dentro do copo.

Os elementos externos são aqueles que estão na borda do copo, fora do copo e têm o próprio copo como entendimento de "moldura da obra". Para contar uma história ou defender o conceito do coquetel, utilizam-se elementos que ilustram e fazem parte de um pequeno cenário. Os elementos surgem durante a criação do coquetel que começa com um tema e um brainstorming.

DESIGN DE COQUETÉIS CLÁSSICOS

A coquetelaria clássica, até chegar aos anos 1980, é bastante minimalista. Geralmente, utilizam-se copos de vidro mais trabalhados, mas a montagem do drink em si é muito leve e não carrega muitos elementos nas guarnições. As guarnições também não são itens obrigatórios. Basta uma casca de laranja ou de limão-siciliano e o drink já está pronto.

DESIGN DE COQUETÉIS DOS ANOS 1980

Assim como os anos 1980, podemos definir a era como sendo a da "coquetelaria neon". As cores geralmente são mais chamativas e vibrantes. Com o crescimento da coquetelaria na América Central, surgem coquetéis com excesso de elementos de forma aleatória. Em coquetéis tropicais, é comum ver exagero e desproporcionalidade.

DESIGN DOS COQUETÉIS MODERNOS

A coquetelaria moderna permite a inserção de mais elementos que os clássicos. Na verdade, é uma nova repaginada do design da coquetelaria clássica. Busca-se, nas montagens dos coquetéis, contar uma história visual, mas sem exageros. Um dos conceitos de design mais aplicados é o conceito de "menos é mais". Os bartenders já não se limitam mais às taças clássicas e muitos objetos passam a fazer o papel de copo. Os elementos colocados fora do copo ajudam a compor o design do coquetel, como, por exemplo, as bases onde os coquetéis estão apoiados, e, de forma sutil, até mesmo sobre um pequeno cenário.

SÉTIMA ETAPA
Storytelling

Como transformar o coquetel em uma boa história

Já se foi o tempo em que um coquetel por si só bastava. Atualmente, uma boa história é tão importante quanto as características organolépticas (cor, sabor, aroma e textura) do preparo. Essa é uma das partes mais lúdicas, mágicas e criativas da nova mixologia – aliás, quem não gosta de uma boa história? Tão fascinante quanto o sabor que acaricia o paladar ou o design que faz brilhar os olhos, o cliente muitas vezes espera, com o ouvido atento, um bom conto enquanto espera o seu coquetel. Uma boa história pode mudar a atmosfera e o ato de degustar o coquetel se torna uma experiência mais prazerosa!

Storytelling para competidores

Para muitos bartenders competidores, é difícil desenvolver uma boa narrativa mesmo que o tema seja muito bom. Seja pelo nervosismo ou pelo tempo limitado nas apresentações, muitos se perdem em COMO contar a história. Para auxiliar no tempo, é sugerido incluir música na apresentação, pois além de criar uma atmosfera apropriada, ajuda o competidor a se lembrar do tempo em determinada parte da música. Em torneios eu costumo dividir minhas apresentações em quatro partes, que exemplifico a seguir:

1. Apresentação / 2. Introdução ao tema /
3. Desenvolvimento / 4. Finalização/ápice

1ª parte - Apresentação

Coquetel Árvores do Cerrado

– *Boa tarde, meu nome é Victor Quaranta, sou bartender e mixologista do Paradiso Cine Bar, onde os recebo.*

Nesta etapa eu ofereço um copo de água para os jurados.

2ª parte - Introdução ao tema de pesquisa do coquetel já começando a elaborar o drink

– *Pra começar nossa conversa, eu quero primeiro apresentar a vocês o cerrado que tão pouco os brasilienses conhecem, seja pela sua geografia, seja pelo seu sabor. Vejam só, o cerrado é a segunda maior formação vegetal brasileira. Estendia-se originalmente por uma área de 2 milhões de km², abrangendo dez estados do Brasil Central. Hoje, restam apenas 20% desse total. Típico de regiões tropicais, o cerrado apresenta duas estações bem marcadas: inverno seco e verão chuvoso. Deficiente em nutrientes e rico em ferro e alumínio, abriga plantas de aparência seca. A presença de três das maiores bacias hidrográficas da América do Sul (Tocantins-Araguaia, São Francisco e Prata) na região favorece sua biodiversidade. Mas o mais curioso do cerrado é o seu gosto. Como sempre digo, não há como conhecer totalmente um povo sem saber o seu gosto. Quero apresentar a vocês o gosto do Cerrado.*

3ª parte - Desenvolvimento do coquetel

– *Primeiro vou adicionar o cajuzinho-do-cerrado, caju-do-cerrado, cajuí ou cajueiro-do-campo. Escolhi esse ingrediente por ser perfumado, suculento e principalmente ácido. É interessante poder utilizar a acidez das frutas e ir além do limão. A acidez estimula as papilas gustativas e não deixa que o doce fique enjoativo. Falando em doce, vou adicionar duas colheres de geleia de pequi com pimenta. O pequi tem um sabor estilo oito ou 80, ou você ama ou você odeia. Confesso a vocês que o gosto do pequi puro me dá arrepio. Mas é possível deixá-lo gostoso adicionando pimenta e hortelã. Lembram-se daquela cena do filme Ratatouille, em que o ratinho experimenta um morango e faz... PLOC... depois experimenta um queijo e faz... PLOC e quando junta os dois ingredientes o PLOC vira fogos de artifício?*
– *Então, é isso que acontece com esses três ingredientes.*

Nesse momento eu sirvo a geleia com menta em uma torradinha.

– *Vou adicionar agora a baunilha do cerrado. Ela não tem tanto aroma quando ainda está em plantio. É necessário secar bem a fava para que o aroma se intensifique. É conhecida também como baunilha banana. Tem um leve aroma de banana madura, diferente das baunilhas indianas que conhecemos.*

Agora, vou adicionar o limão-siciliano – que não é tão ácido quanto o limão-taiti – para compor o perfume que será ressaltado pelo perfume do gin.

Bater na coqueteleira.

– *Vou adicionar uma espuma de baunilha do cerrado com gabiroba.*

Sirvo algum subproduto da gabiroba.

Agora eu coloco a guarnição para que o coquetel fique apetitoso aos olhos e estimule a vontade de saborear.

– *Além de sabor, nossa região também é rica em arte, seja pelas árvores tortas ou pelas linhas precisas da arquitetura de Brasília. E, para nós brasilienses, vulgos goianos do quadradinho, nossa vegetação mesmo que torta é perfeita. Aliás, como já dizia o poeta brasiliense... "nem tudo o que é torto é errado, veja as pernas do Garrincha"...*

4ª parte - O ápice da apresentação no final da narrativa

Faço, então, uma pausa dramática enquanto entrego o coquetel.

– *...e as árvores do cerrado!*

OITAVA ETAPA
Aromatização do coquetel

Na oitava etapa vamos aromatizar o coquetel. Para ajudar, apresento a seguir algumas técnicas.

Casca de limão-siciliano

O óleo da casca de limão-siciliano tem um perfume acentuado. Para utilizar a casca de limão-siciliano na aromatização do drink, coloque a parte amarela em direção ao coquetel. Quando já estiver posicionado próximo ao drink, torça a casca de forma que o óleo caia por cima do drink.

Canela

Para aromatizar o drink com o perfume da canela, basta queimar a canela levemente com um maçarico e deixar a fumaça presa no copo em que o coquetel será utilizado. Caso queira um toque defumado, pode dar uma leve queimada na especiaria.

Smoke gun

A pistola de fumaça foi desenvolvida propriamente para o uso na gastronomia e no bar. Com opções de funcionamento à pilha ou tomada, tem um buraco onde é colocado a madeira que deseja queimar com o maçarico e uma mangueira de borracha que leva a uma distância maior. Quando ligado, um sistema de ventilação empurra a fumaça para a mangueira com força, facilitando a defumação.

Lâmpada de metal

Uma versão mais rústica que a *smoke gun*, não necessita de eletricidade e o ar é empurrado com a força do fogo que sai pelo maçarico.

Defumador caseiro

Muito utilizado para defumar carnes e queijos, o defumador caseiro tem o funcionamento semelhante à *smoke gun*, com a vantagem de ter o custo muito reduzido e produzir uma quantidade muito maior de fumaça.

Narguilê

Para o narguilé, é necessária uma essência de boa qualidade e que combine o sabor com o coquetel que será aromatizado. A vantagem do narguilé é a grande quantidade de aromas disponíveis no mercado. Utilize essências de marca superior, preferencialmente em pasta. Para produzir uma fumaça mais densa e esbranquiçada, adicione leite bem gelado no lugar da água.

Óleo do perfume do drink no frasco de perfume

Basta fazer uma tintura em álcool de cereais. Após o preparo ficar potente, coloque em um frasco de perfume e borrife antes e/ou depois de despejar o coquetel na taça.

COQUETÉIS

clássicos da atualidade

GIN TÔNICA
clássica

O gin dominou o mercado internacional através da coquetelaria. Há algum tempo, era difícil de ser encontrado nas prateleiras dos supermercados, principalmente quando se fala de gins de boa qualidade, mas hoje é quase impossível acompanhar tanta novidade de estilos e marcas que chegam quase que diariamente. Atualmente, podemos até degustar um gin nacional tão bom quanto os ingleses.

A coquetelaria tem um papel fundamental na expansão dos destilados, e o gin teve na coquetelaria a oportunidade de ser apresentado para os bares do mundo todo. Por ser muito perfumado graças ao seu ingrediente principal, o zimbro, seu ingrediente secundário, o coentro e uma infinidade de cascas de frutas, ervas e especiarias, o gin é considerado uma bebida de "poucos amigos". Alguns poucos ingredientes bastam para elaborar um coquetel, geralmente apenas dois ou três em um clássico. Alguns gins têm um leve amargor que combina com a água tônica e um leve toque cítrico. Quanto mais simples é o coquetel, mais evidentes ficam os defeitos. Se o coquetel utiliza dois ingredientes básicos e um dos ingredientes não é bom, 50% do coquetel está comprometido. Por isso, para elaborar uma boa G&T, são necessários um gin de boa qualidade e uma tônica de boa qualidade. As tônicas de alta qualidade não são tão comuns ainda no Brasil e quando são encontradas têm o seu valor superfaturado. Mas, quando encontrar o gin e a tônica de excelentes qualidades pode começar a seguir o passo a passo para elaborar a Gin Tônica Perfeita.

Modo de preparo da G&T perfeita

1. Coloque 70 ml de gin e uma fatia de limão-siciliano em uma taça;
2. Adicione mais óleo de limão-siciliano apenas espremendo a casca (chamamos isso de zest) e mexa um pouco;
3. Só agora adicione um gelo de boa qualidade. Se colocar o gelo antes, a diluição será maior e o coquetel pode ficar aguado;
4. Adicione 150 ml de água tônica de boa qualidade bem gelada;
5. Mexa levemente com uma colher de bar;
6. Finalize com mais um zest de limão-siciliano e sirva.

É importante que o tempo de preparo seja curto, principalmente após colocar o gelo.

A partir da G&T clássica, é possível criar uma quantidade infinita de variações.

Modo de preparo da G&T de café

1. Coloque uma colher de grãos de café e uma colher de açúcar refinado em uma coqueteleira. Macere bem;
2. Adicione 15 ml de suco de limão-siciliano, 70 ml de gin seco de boa qualidade e gelo;
3. Bata tudo na coqueteleira e coe em uma taça de gin tônica com gelo novo;
4. Complete com água tônica, misture levemente e sirva.

Modo de preparo da G&Tea de frutas silvestres

1. Coloque em uma taça um pacote de chá de frutas silvestres, uma fatia de limão-siciliano e 70 ml de gin;
2. Gire a taça vigorosamente até o gin ficar avermelhado;
3. Adicione o gelo e, por último, a água tônica;
4. Misture levemente e sirva.

Aperol SPRITZ

Spritz é um assunto para um livro inteiro. Cada pedaço da Itália tem a sua própria receita, que vai desde o vinho branco com Campari e água com gás, até a utilização de licor à base de alcachofra. No Brasil, o Aperol Spritz é a versão que teve maior destaque – o Aperol subsistiu o seu primo Campari. O espumante utilizado não é necessariamente um prosseco italiano e é adicionado de água com gás e laranja-baía. O Aperol é uma marca única, por isso, o que vai diferenciar muito um *spritz* de outro é a qualidade do espumante, da água com gás e da laranja.

Modo de preparo do Aperol Spritz estruturado

1. Coloque 150 ml de Aperol e uma fatia de laranja-baía em uma taça de vinho tinto;
2. Mexa bem para que a acidez e o dulçor da laranja sejam transferidos para o Aperol;
3. Adicione gelo e 100 ml de espumante rosé *brut*. O espumante rosé é mais estruturado por conter uma pequena parte de tanino da casca da uva tinta;
4. Adicione 50 ml de água com gás. Quanto maior a quantidade de gás, menor o tamanho das bolhas e quanto mais gelada estiver, melhor;
5. Mexa suavemente e sirva.

Modo de preparo do Aperol Spritz refrescante

1. Coloque 100 ml de Aperol e uma fatia de laranja-baía em uma taça de vinho tinto;
2. Mexa bem para que a acidez e o dulçor da laranja sejam transferidos para o Aperol;
3. Adicione gelo e 150 ml de espumante *brut* (branco), de preferência um bom prosseco;
4. Adicione 50 ml de água com gás. Quanto maior a quantidade de gás, menor o tamanho das bolhas e quanto mais gelada estiver, melhor;
5. Mexa suavemente e sirva.

Moscow
MULE

Um coquetel clássico criado nos Estados Unidos que invadiu os cardápios de drinks do mundo todo. Em uma versão refrescante, utilizam-se vodca com limão e ginger beer ou ginger ale. Em uma versão 2.0 do coquetel, utiliza-se uma espuma de gengibre.

Moscow mule com ginger ale/ginger beer
1. Em uma coqueteleira, coloque 70 ml de vodca, 20 ml de xarope de gengibre e 30 ml de suco de limão;
2. Bata vigorosamente e coe em uma caneca com gelo;
3. Complete com uma ginger ale ou uma ginger beer.

Moscow mule com espuma de gengibre
1. Em uma coqueteleira, coloque 70 ml de vodca, 20 ml de xarope de gengibre e 30 ml de suco de limão;
2. Bata vigorosamente e coe em uma caneca com gelo;
3. Complete com espuma de gengibre. Opcionalmente, podem ser colocadas algumas gotas de angostura.

Angostura é um tempero amargo famoso para coquetéis, produzido em Trinidad e Tobago.

NEGRONI

O negroni é um clássico italiano. Potente e de-safiador. Difícil gostar no primeiro gole – aliás, para mim até hoje é difícil o primeiro gole do coquetel. Este coquetel me ensina a ter paciência para os co-quetéis potentes. O primeiro gole me dá um certo estranhamento. O segundo gole melhora um pouco mais. O sétimo é incrível e o último tão fascinante que me deixa com vontade de beber um segundo ne-groni. O primeiro gole do segundo negroni enche mi-nha alma de prazer. Simples e complexo ao mesmo tempo. Objetivo, ao mesmo tempo em que precisa ser tateado pouco a pouco.

Modo de preparo do Negroni perfeito

1. Coloque 30 ml de Campari e 30 ml de vermute tinto no mixing glass com gelo e uma fatia de laranja-baía;
2. Pingue quatro gotas de angostura bitter ou o seu bitter caseiro (bitters estilo floral combinam muito bem);
3. Mexa vigorosamente para transferir os óleos da laranja para o líquido;
4. Adicione 30 ml de gin e mexa mais um pouco;
5. Faça uma dupla coagem em um copo com uma esfera de gelo;
6. Faça um zest de laranja-baía duas vezes e sirva;

Se desejar, pode aromatizar o coquetel com narguilé.

Modo de preparo do Boulevardier

1. Coloque 30 ml de Campari e 30 ml de vermute tinto no *mixing glass* com gelo e uma fatia de laranja-baía;
2. Pingue quatro gotas de angostura bitter ou o seu bitter caseiro (bitters estilo nut combinam muito bem);
3. Mexa vigorosamente para transferir os óleos da laranja para o líquido. Adicione 30 ml de whiskey e mexa mais um pouco;
4. Faça uma dupla coagem em um copo com uma esfera de gelo;
5. Faça um zest de laranja-baía duas vezes e sirva.

Se desejar, pode aromatizar o coquetel com madeiras como palo santo ou garabeira.

Modo de preparo do Old Fashioned

1. Coloque um açúcar em cubo no fundo do copo baixo;
2. Pingue algumas gotas de angostura;
3. Adicione 70 ml de whiskey e mexa;
4. Coloque gelo e 50 ml de água com gás;
5. Sirva.

Modo de preparo do Sazerac

1. Em um copo baixo, borrife um absinto de boa qualidade;
2. Deixe o copo descansando em um balde com gelo por cima, ou em um freezer;
3. Em um *mixing glass*, coloque um torrão de açúcar e algumas gotas de *peycheaud bitter*;
4. Adicione 50 ml de cognac, gelo e mexa vigorosamente;
5. Passe o líquido do *mixing glass* para o copo baixo;
6. Adicione o óleo da casca do limão-siciliano por cima do coquetel;
7. Sirva.

COQUETÉIS

exclusivos do autor

Jardim
BURLE MARX

Existem inúmeras formas de homenage-ar um lugar e, quando se trata de Brasília, é muito fácil cair no óbvio. Em minha homena-gem, optei por mostrar o que há de mais va-lioso na cidade: as pessoas. O prédio do Con-gresso Nacional ou a Catedral de Brasília são extremamente clichês perto das pesso-as que dão vida à cidade. O coquetel Jardim Burle Marx é uma homenagem ao paisagista Burle Marx, que, com sua genialidade, trou-xe para a capital uma personalidade de cida-de arborizada. Coquetel criado para o antigo Tabuada Tábuas e Drinks.

Beba com um canudo de biscoito sabor limão. O pó de café indica que o coquetel já terminou. Caso queira mais adocicado, pode servir um açúcar de coco à parte em uma pá de jardinagem.

Ingredientes

50 ml de café expresso

20 ml de licor de café

15 ml de limão-taiti

15 ml de xarope de açúcar mascavo

70 ml de creme de leite fresco

20 ml de xarope de baunilha

1 colher de pó de café

1 flor comestível

Modo de preparo

1. Na coqueteleira, coloque o café, licor de café, limão-taiti e o xarope de açúcar mascavo;
2. Coe em um pequeno jarrinho de barro limpo;
3. Bata o creme de leite fresco com o xarope de baunilha na coqueteleira até ½ ponto chantilly;
4. Coloque por cima do coquetel;
5. Peneire o café por cima do creme até cobrir;
6. Decore com uma flor comestível.

Gustav KLIMT

A mixologia pode ser explicada de forma técnica, mas pode também ser vista por outras perspectivas. Quando me perguntam o que é mixologia, repondo algumas vezes que é uma mistura de física, química e arte; com um olhar romântico, respondo que é também poesia para ser degustada. Então, porque não homenagear de fato um artista? É de onde surge a ideia de criar um coquetel para o pintor austríaco Gustav Klimt. Para ser mais preciso, escolhi o quadro Popfield. As cores vibrantes com pinceladas em verde, vermelho e azul sugerem um menu degustação de três cores/sabores. Servido em uma base de ardósia envolta de jornal pintado com o próprio coquetel, harmonizado com um pedaço de coco seco com geleia de abacaxi na espátula de pintura. Coquetel criado para o antigo Tabuada Tábuas e Drinks.

Vermelho - Ingredientes	Verde - Ingredientes	Azul - Ingredientes
50 ml de gin	50 ml de grappa	50 ml de tequila
50 ml de sweet and sour de frutas vermelhas	20 ml de lemoncello	30 ml de suco de limão-taiti
30 ml de suco de cramberry	50 ml de chá de maçã verde	20 ml de xarope de laranja (azul)
20 ml de chá de hibisco com limão-siciliano	15 ml de limão-siciliano	50 ml de chá cítrico
	15 ml de xarope de maçã verde	

Modo de preparo

1. Bata todos os ingredientes e coe em um pequeno balde de tinta

Modo de preparo

1. Bata todos os ingredientes e coe em um pequeno balde de tinta

Modo de preparo

1. Bata todos os ingredientes e coe em um pequeno balde de tinta

MARILYN

Ousada e de personalidade livre, Marilyn Monroe foi um ícone do universo artístico de sua época. Sua beleza chamava a atenção tanto quanto o seu jeito. O coquetel Marilyn teve como inspiração o livro "Fragmentos – poemas, anotações íntimas e cartas de Marilyn Monroe". O que se espera de um coquetel inspirado na sensualidade de uma musa? Nada menos que espumante, aliás, como Marilyn mesmo dizia ao tomar: estava bebendo estrelas.

Surge então a ideia de montar o drink na banheira. E com o auxílio da mixologia molecular, uma banheira com espuma de limão. Coquetel criado para o antigo Tabuada Tábuas e Drinks.

Ingredientes (serve seis taças)

300 ml de gin

100 ml de licor 43

200 ml de cordial de maracujá com baunilha

150 ml de limão-siciliano

250 ml de espumante

200 ml de espuma de limão-siciliano

Modo de preparo

1. Bata todos os ingredientes em duas coqueteleiras e coe na banheira de cerâmica;
2. Complete com espumante e a espuma de limão-siciliano.

A verdadeira "Beleza e Femin..." é faturado.

Marilyn Monroe.

Django
LIVRE

Tarantino é, sem dúvida, um dos maiores cineastas de todos os tempos. E o filme Django Livre merecia uma homenagem. Que referência eu poderia levar para o drink? Bem, a sinopse sugere um caçador e um procurado, então, porque não utilizar o cartaz de "procura-se" no copo? Parece um bom lugar para pregar o cartaz, não acham? Uma proposta objetiva e minimalista. Coquetel criado para o antigo Paradiso Cine Bar, um bar com temática de cinema.

Ingredientes

40 ml de whiskey infusionado em café

10 ml de licor de amêndoas

30 ml de limão-taiti

½ colher de açúcar

Modo de preparo

1. Coloque todos os ingredientes na coqueteleira;
2. Bata e faça uma dupla coagem em um copo baixo;
3. Imprima o cartaz do filme que pode ser encontrado na internet em formato compatível com o copo baixo;
4. Salpique Grenadine sobre ele com as pontas dos dedos.

3 CS

O primeiro nome sugerido para este coquetel foi "trem bão", uma homenagem ao estado de Minas Gerais pelo qual sou apaixonado. Utilizando os principais produtos mineiros, encontro uma combinação perfeita entre os ingredientes cachaça, café e doce de leite. Surge então os 3 Cs, Café, Cachaça e um "Cadim" de doce de leite. O coquetel foi criado para o antigo Tabuada Tábuas e Drinks.

Ingredientes

50 ml de cachaça envelhecida em bálsamo

50 ml de café

1 colher de bar de doce de leite

20 ml de creme de leite aromatizado com baunilha

30 ml de licor de café

Modo de preparo

1. Em uma coqueteleira, coloque o doce de leite e o café;
2. Misture bem até ficar homogêneo.
3. Adicione os outros ingredientes e bata;
4. Coloque uma colher de doce de leite em um balde pendurado no copo para acompanhar;
5. Sirva.

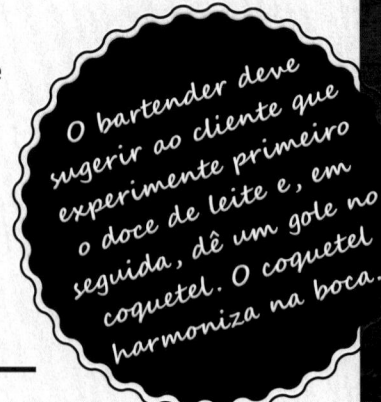

O bartender deve sugerir ao cliente que experimente primeiro o doce de leite e, em seguida, dê um gole no coquetel. O coquetel harmoniza na boca.

Do Leme ao
PONTAL

*"Tomo um guaraná, suco de caju,
goiabada para sobremeeeessaaaaa."*

Apaixonado pelo Rio de Janeiro e suas referências, não podia deixar de homenagear um grande cantor que fez sucesso com o seu Soul Music, o Tim Maia. Para isso, criei o coquetel Do Leme ao Pontal.

Ingredientes

50 ml de cachaça envelhecida em carvalho

20 ml de *syrup* de guaraná

50 ml de *shrub* de caju

30 ml de limão-taiti

½ colher de açúcar

Modo de preparo

1. Bata tudo na coqueteleira e passe para um copo decorado com gelo novo;
2. Sirva com um pedaço de goiabada.

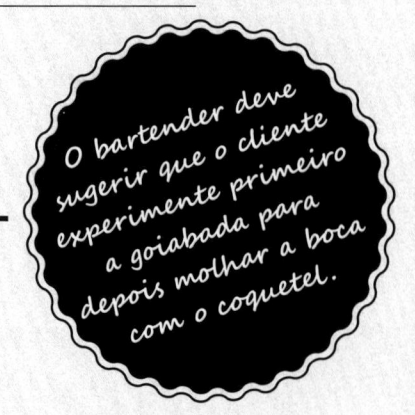

O bartender deve sugerir que o cliente experimente primeiro a goiabada para depois molhar a boca com o coquetel.

DOCE MARTINI
(com algodão-doce)

Coquetel criado para o bar The Room, em Brasília. Tem uma base ácida que harmoniza com o algodão-doce. O coquetel sem o algodão-doce é quase intragável, mas quando tem o algodão-doce fica equilibrado.

Ingredientes

50 ml de gin infusionado em baunilha

30 ml de limão-siciliano

10 ml de xarope de baunilha

4 colheres de lichia

½ colher de açúcar

1 algodão-doce

Modo de preparo

1. Coloque o gin, limão, xarope de baunilha, lichia e açúcar em uma coqueteleira;
2. Bata e coe em uma taça Martini com algodão-doce.

YIN YANG

O coquetel criado para o restaurante Nikkei, em Brasília, remete ao masculino e ao feminino. Yin é representado pela força do whiskey e Yang pela sutileza do sakê. Em uma harmonização incomum, adiciono à força um pouco de café com shoyu.

Yin - Ingredientes

30 ml de whiskey

30 ml de suco de limão-taiti

30 ml de syrup de café com shoyu

½ colher de açúcar

Yang - Ingredientes

10 ml de sakê

20 ml de gin

20 lichias

20 ml de *syrup* de graviola

20 ml de suco de limão siciliano

½ colher de açúcar

Modo de preparo de ambos:

1. Coloque todos os ingredientes e faça uma dupla coação em uma taça especial (bola) pequena;
2. Coloque na base de Yin Yang;
3. Decore Yang com uma flor de cerejeira e Yin, com uma folha de bambu.

Buena Vista
SOCIAL CLUB

A banda cubana Buena Vista Social Club ganha uma homenagem no cardápio do Santé 13. A edição Música do cardápio de um restaurante famoso pela sua incrível *playlist* tem um toque das ilhas caribenhas através deste coquetel. Elaborado com whiskey infusionado em charuto e baunilha, xarope de cerveja preta, café, balsâmico, limão e licor de amêndoas. Acompanhado de um tablete de chocolate meio-amargo, bitter de fumaça líquida e nibs de cacau.

Ingredientes

60 ml de rum envelhecido infusionado em charuto e baunilha

25 ml de xarope de cerveja preta, café e balsâmico

25 ml de limão

10 ml de licor de amêndoas

½ colher de açúcar mascavo

Bitter de fumaça líquida

Acompanhado de um tablete de chocolate meio amargo e nibs de cacau.

Modo de preparo

1. Coloque o rum, xarope, limão, bitter, licor e açúcar na coqueteleira;
2. Passe para um copo longo e coloque um chocolate na borda do copo com nibs de cacau.

SPEAKEASY

Speakeasy é a expressão que se refere aos bares esconderijos existentes durante a lei Seca (Prohibition) nos Estados Unidos, de 1920 a 1933. Apesar da tradução literal de speakeasy ser fala fácil, a intenção dos donos desses bares era que se falasse baixo. O processo criativo desse coquetel exigiu um certo esforço, já que eu não queria colocá-lo dentro de um saco de pão, pois esse é o estilo mais clichê dessa proposta. Por isso, criei um drink em uma garrafinha de leite com o escrito It's not milk (isso não é leite).

Ingredientes

50 ml de whiskey americano

50 ml de licor de café

50 ml de café

15 ml de suco de limão

70 ml de creme de leite fresco

Syrup de baunilha

Modo de preparo

1. Bata o whiskey, licor de café, café e limão na coqueteleira com gelo;
2. Coe para uma garrafinha de leite de 250 ml;
3. Bata o creme de leite com o syrup de baunilha em uma coqueteleira com a mola do strainer sem gelo por 10 segundos;
4. Complete a garrafinha de leite e gire o drink com cuidado utilizando a colher bailarina.

Mojito
MOLECULAR

Para um bar com temática de cinema, recriei um clássico cubano em uma versão futurista baseado no filme Piratas do Caribe. O Paradiso Cine Bar ficou conhecido pelos seus coquetéis com técnicas de mixologia molecular. Esse coquetel teve a participação do Chef Fernando Abdalla, que foi meu grande mentor. Paciente, solícito e com uma veia criativa surpreendente. Mesmo após alguns anos longe, Abdalla me inspirou a criar novos coquetéis vanguardistas.

Ingredientes

50 ml de rum

20 m de suco de limão

20 ml de *simple syrup*

6 colheres de caviar de menta

150 ml de água com gás

Modo de preparo

1. Bata o rum, limão e xarope na coqueteleira;
2. Coe dividindo em três shots;
3. Complete com água com gás;
4. Adicione uma colher de caviar em cada shot;
5. Para acompanhar o coquetel, use o caviar em colheres chinesas.

Jardim JAPONÊS

Criado com o tema Japão, o coquetel Jardim Japonês traz para o copo um pouco da agricultura japonesa. Os japoneses são famosos por aplicar técnicas milenares no desenvolvimento dos botânicos e faço uma homenagem de forma singela e delicada em um coquetel interativo. Após o drink ser montado no fundo das folhas, o próprio cliente adiciona a água tônica que suspende o jardim.

Ingredientes

50 ml de gin infusionado em hibisco

15 ml de syrup de limão-siciliano

15 ml de suco de limão

½ colher de açúcar

150 ml de água tônica

Broto de alfafa

Manjericão

Alecrim

Flores comestíveis

Modo de preparo

1. Bata o gim *syrup*, suco e açúcar e coloque em uma taça *balloon*;
2. Cubra o líquido com o broto de alfafa, manjericão, alecrim e flores comestíveis variadas;
3. Complete com água tônica;
4. Sirva.

Santé
Nº 13

Um coquetel inspirado no universo feminino através de uma releitura do clássico perfume Channel Nº 5. Com um toque de baunilha e notas fiéis ao perfume, o coquetel é servido em um frasco com o nome do coquetel. O coquetel Santé Nº 13 foi criado para o restaurante do mesmo nome.

Ingredientes

70 ml de gin infusionado em baunilha

20 ml de xarope de limão-siciliano com capim-cidreira

30 m de limão-taiti

1 colher de açúcar de baunilha

100 ml de água tônica

Modo de preparo

1. Bata o gin, xarope de siciliano, limão e açúcar na coqueteleira;
2. Coe em um frasco de perfume com o auxílio de um funil;
3. Complete com água tônica;
4. Sirva.

COQUETÉIS EXCLUSIVOS DO AUTOR

Corrida com
PIPOCA

Quando recebi um convite para montar a nova carta do BSB Grill em Brasília, me envolvi diretamente com a temática de Fórmula 1. Um dos proprietários, tio do famoso corredor Felipe Nasr, inspirou-se a seguir à risca essa atmosfera. Para não cair no óbvio, criei então um drink com gosto de pipoca e whiskey.

Ingredientes

40 ml de whiskey

10 ml de *syrup* de pipoca

30 ml de limão-taiti

½ colher de açúcar

Modo de preparo

1. Bata todos os ingredientes e sirva em um copo baixo;
2. Decore com pipoca caramelizada.

Lúpulo
SOUR

Frequentado por apreciadores de um chopp bem gelado, o BSB Grill resolveu inovar com uma carta de drinks exclusiva. Para atender os apreciadores do chopp, pedi uma chance para os clientes experimentarem um coquetel com equilíbrio entre o ácido do limão e o amargo do lúpulo. Para completar, o picante da espuma de gengibre.

Ingredientes

30 ml de vodca

30 ml *syrup* de lúpulo

30 ml de limão-taiti

70 ml de espuma de gengibre

1 folha de manjericão

Modo de preparo

1. Na coqueteleira, coloque vodca, *syrup* e limão;
2. Bata e coe em um copo baixo com gelo;
3. Complete com a espuma de gengibre e coloque uma folha de manjericão.

Dama de la
MUERTE

Inspirado na deusa da morte mexicana, que hoje popularmente é chamada de La Catrina, o coquetel é servido em uma brincadeira de um ritual onde são acesas as velas na mesa do cliente. Servido em uma caveira com algumas rosas mortas ao lado e duas velas. O drink foi criado para o Tabuada Tábuas e Drinks, reforçando a temática do cardápio de Cocktail Stylist.

Ingredientes

50 ml de tequila

15 ml de *syrup* de pimenta com romã

30 ml de suco de cramberry

10 ml de suco concentrado de pimentão vermelho

20 ml de limão-siciliano

½ colher de açúcar

Modo de preparo

1. Bata todos os ingredientes na coqueteleira com gelo;
2. Coe em uma caveira com o auxílio de um funil;
3. Sirva.

Alice no país das
MARAVILHAS

Uma das obras mais fascinantes do autor Charles Lutwidge Dodgson (Lewis Carroll), sem dúvida, foi "Alice no País das Maravilhas". Publicada em 4 de julho de 1865, a história dá margem para diferentes interpretações. Em uma cena, a personagem Alice encontra um frasco escrito *drink me*, e, quando ela bebe, diminui para um tamanho miniatura. Logo depois come um petisco escrito *eat me* que a faz ficar gigante. Em homenagem à obra, criei o coquetel Alice, para o antigo Paradiso Cine Bar.

Ingredientes

50 ml whiskey

40 ml xarope artesanal de abacaxi

30 ml limão siciliano

1 unidade de chá de frutas vermelhas

1 colher de pimenta-rosa

Modo de preparo

1. Em uma coqueteleira, macere a pimenta-rosa com o *syrup* de abacaxi;
2. Adicione o whiskey, limão-siciliano e chá de frutas vermelhas;
3. Adicione o gelo e bata;
4. Coe em um frasco de vidro;
5. Sirva.

OLODUM

Criado para o Restaurante/bar Berimbau Brasil, o coquetel Olodum é um menu degustação de três shots com pimentas variadas. Para melhorar a apresentação e experiência do cliente, eu utilizei técnicas da mixologia molecular.

Olodum é um bloco afro do carnaval sediado no Pelourinho, em Salvador, na Bahia. Criado em 1979, compõe também um movimento negro e se apresenta anualmente no carnaval baiano.

SHOT 1 - Ingredientes

100 ml de vodca infusionada em pimenta dedo-de-moça

50 ml de Grenadine

30 ml de suco de limão

100 ml de suco de morango

20 ml de xarope de açúcar

3 g de lactato de cálcio

0,5 g de goma xantana

SHOT 2 - Ingredientes

100 ml de vodca infusionada em pimenta-malagueta

50 ml de xarope de maçã verde

120 ml de suco de maçã

30 ml de suco de limão

3 g de lactato de cálcio

0,5 g de goma xantana

SHOT 3 - Ingredientes

70 ml de vodca infusionada de pimenta-de-bode

30 ml de Cointreau

150 ml de suco de manga

30 ml de suco de limão

20 ml de xarope de açúcar

3 g de lactato de cálcio

0,5 g de goma xantana

Banho de Alginato - Ingredientes

2,5 g de alginato

500 ml de água

Modo de preparo

1. Para cada shot, adicione todos os ingredientes em uma vasilha, exceto cálcio e goma xantana;
2. Com um mixer elétrico, bata enquanto adiciona o cálcio aos poucos;
3. Ainda batendo com o mixer elétrico, adicione a goma xantana;
4. Leve o preparo para a geladeira e deixe descansando por quatro horas;
5. Em outra vasilha, bata o alginato de sódio e a água;
6. Deixe descansar na geladeira por quatro horas.

Montagem

1. Com uma colher de medida, pegue o líquido da primeira vasilha (o coquetel com cálcio) e despeje na segunda vasilha (banho de alginato);
2. Deixe por cinco segundos e retire;
3. Passe o preparo para uma bacia com água gelada para limpar e depois coloque na colher chinesa;
4. Sirva.

REFRESQUINO

Um coquetel pode não ter álcool e, mesmo assim, proporcionar uma experiência de degustação. O coquetel Refresquino foi criado para os dias de calor. O pepino combina com o limão. Não pode ser dominante e deve ser notado como um tempero.

Ingredientes

20 ml de limão-taiti

½ colher de açúcar de baunilha

20 ml de xarope de limão-siciliano

1 rodela de pepino

150 ml de água com gás aromatizado de manjericão

Modo de preparo

1. Na coqueteleira, adicione o pepino, açúcar e limão;
2. Macere;
3. Adicione o xarope de limão-siciliano e bata vigorosamente;
4. Coe em uma taça longa com gelo e complete com água com gás aromatizado de manjericão.

Camomila
BIRD

Criado especificamente para este livro, o coquetel Camomila Bird entra na lista de coquetéis como uma possibilidade de drink-conceito.

Ingredientes

50 ml de gin Flor de Sevilla

50 ml de *sweet and sour* de limão-siciliano

30 ml de tintura de camomila

Gotas de bitter de tintura de hibisco

Modo de preparo

1. Bata todos os ingredientes na coqueteleira com gelo;
2. Coe na taça *bird*;
3. Sirva.

John
NO ARMS

A banda de rock brasiliense John no Arms recebe uma homenagem com um drink à base do clássico Jack Daniels com café. A banda surge em 2003 e grava sua primeira demo em 2004. Doze anos depois recebe a homenagem no bar Tabuada Tábuas e Drinks no melhor estilo cocktail stylist.

Ingredientes

30 ml de whiskey

30 ml de licor de café

30 ml de café expresso

15 ml de limão

20 ml de xarope de nozes

70 ml de creme de leite fresco

Modo de preparo

1. Em uma coqueteleira, coloque o whiskey, licor, café expresso, limão e gelo. Bata e coe para uma taça especial de caveira;
2. Em uma coqueteleira, adicione o creme de leite fresco e o xarope de nozes;
3. Bata vigorosamente por alguns segundos (sem gelo) e coloque no drink de forma que o creme fique por cima;
4. Decore com uma noz.

Moulin Rouge
VIRGIN

Com o maior consumo de coquetéis sem álcool no mercado brasileiro, pensei em um coquetel com o conceito "sem álcool com sabor" e com a mesma complexidade dos coquetéis alcoólicos. Um martini fino e potente para ser degustado devagar.

Ingredientes

50 ml de suco de cramberry

1 colher de geleia de framboesa com grapefruit

20 ml de xarope de maracujá vermelho com pimenta

15 ml de suco de limão siciliano

Modo de preparo

1. Coloque todos os ingredientes na coqueteleira com gelo;
2. Bata vigorosamente;
3. Coe em uma taça martini;
4. Decore com uma grapefruit.

Spaghetti de
BLOOD MARY

Quando o Chef Ferran Adrià criou o Spaghetti de Caipirinha com a técnica de gelatinização, tive a ideia de fazer o que me pareceu ainda mais óbvio: o Spaguetti de Bloody Mary. Uma brincadeira que não deve ser colocada em um cardápio de drinks, mas que pode fazer parte de um menu degustação.

Ingredientes

100 ml de vodca

150 ml de suco de tomate

25 ml de molho inglês

25 ml de suco de limão

Pitada de sal a gosto

Pitada de pimenta-do-reino a gosto

6 gotas de tabasco

3 g de agár-agár

Modo de preparo

1. Coloque todos os ingredientes na panela – o agár-agár deve ser colocado aos poucos;
2. Deixe ferver até derreter todo o agár-agár;
3. Com o auxílio de um tubo de borracha e uma seringa, puxe o líquido e mergulhe a mangueira cheia em um recipiente com água e gelo para dar um choque térmico por 1 minuto;
4. Pressione a seringa para o spaghetti sair e sirva;
5. Decore com um salsão previamente cozido e temperado com sal e pimenta-do-reino.

TARÊ
espresso

O sal aparece na coquetelaria moderna para ajudar a encontrar um ponto de equilíbrio perfeito. Geralmente é utilizado o sal da solução salina. Para esse coquetel, utilizamos o sal do molho tarê que ajuda a equilibrar o rum e o licor Baileys.

Ingredientes

25 ml de Spiced Rum

50 ml de café

20 ml de molho tarê

20 ml de Licor Baileys

50 g de chocolate

Modo de preparo

1. Coloque o rum, café, molho tarê e o licor na coqueteleira;
2. Bata com gelo e passe para uma taça de Grappa;
3. Decore com um charutinho de chocolate e pingos de molho tarê.

SAKÊ
aromatizado

O sakê pode ser servido em diferentes temperaturas. Quente, morno ou mesmo gelado. Para o serviço de sakê quente é possível fazer um tipo de chá esquentando o sakê no micro-ondas alguns segundos com uma fruta desidratada. Geralmente utilizo manga ou maçã mas podem ser adicionadas outras frutas desidratadas como frutas vermelhas, laranja e abacaxi ou até mesmo chás de boa qualidade.

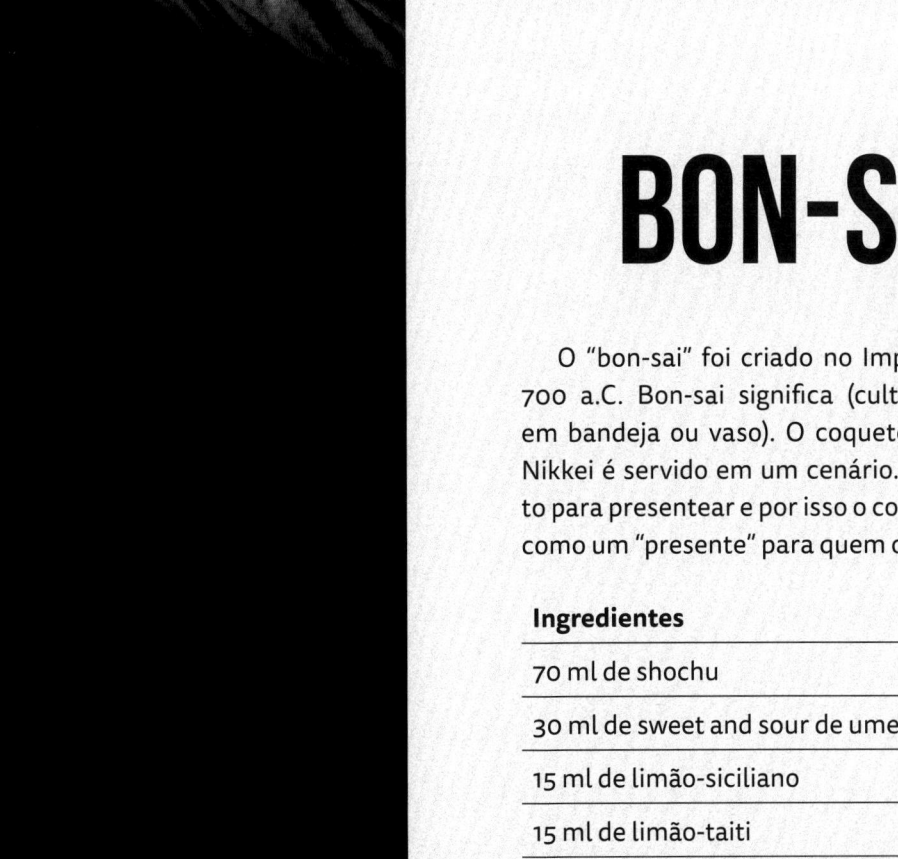

BON-SAI

O "bon-sai" foi criado no Império Chinês em 700 a.C. Bon-sai significa (cultivado, plantado em bandeja ou vaso). O coquetel criado para o Nikkei é servido em um cenário. Bon-sai era feito para presentear e por isso o coquetel foi criado como um "presente" para quem o experimenta.

Ingredientes

70 ml de shochu

30 ml de sweet and sour de umeshu

15 ml de limão-siciliano

15 ml de limão-taiti

Algumas gotas de bitter de hibisco

8 folhas de hortelã

Modo de preparo

1. Coloque todos os ingredientes na coqueteleira com gelo;
2. Bata e coe em um copo de cerâmica;
3. Decore o jardim zen com um bonsai e o drink;
4. Sirva.

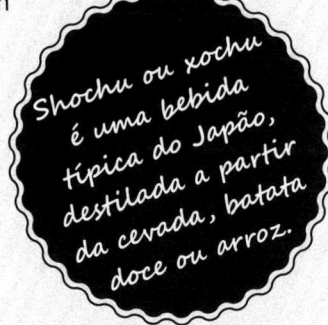

Shochu ou xochu é uma bebida típica do Japão, destilada a partir da cevada, batata doce ou arroz.

ORIGAMI

Acredita-se que quem fizer 1.000 Tsurus* terá um desejo realizado. A crença foi popularizada pela história de Sadako, vítima da bomba atômica. Sadako conseguiu fazer os 1.000 Tsurus antes de morrer, e, mesmo que a história no final não tenha sido a desejada, tornou-se símbolo de esperança. O drink foi criado para o restaurante Nikkei.

Ingredientes

70 ml de sakê

20 ml de syrup de pimentão-amarelo com cardamomo

30 ml de limão-siciliano

20 ml de chá cítrico

Modo de preparo

1. Bata todos os ingredientes na coqueteleira com gelo;
2. Coe em uma taça martini;
3. Decore com um origami.

* O Tsuru é uma ave sagrada do Japão

SAN TÊ

A Pixar Animation Studio sempre faz referências de outros desenhos em uma nova animação. Isso acontece de forma sutil. Com essa ideia, criei um coquetel que faz referência a outro restaurante do grupo Nikkei, o Santê 13.

Ingredientes

70 ml de shochu

20 ml de syrup de chá verde com hortelã

Pitada de wasabi em pó

½ colher de wasabi em pasta

25 ml de sumo de limão-siciliano

Espuma de gengibre

Modo de preparo

1. Bata o shochu, syrup, wasabi e limão na coqueteleira com gelo;
2. Coe em um copo de cerâmica previamente decorado;
3. Complete com a espuma de gengibre;
4. Decore com uma bolinha de wasabi em pasta.

Bee's
HONEY

Após o lançamento do Jack Honey, licor de whiskey com mel do famoso Tennessy Whiskey, pensei em fazer em um pote de mel o drink com a bebida clássica (o whiskey) misturado com o licor e um chá de maçã com canela. Em uma apresentação minimalista o pote chega à mesa apenas com o mel escorrendo da colher para dentro do drink.

Ingredientes

40 ml de whiskey Jack Daniels

30 ml de licor Jack Honey

15 ml de mel

100 ml de chá de maçã com canela

20 ml de suco de limão

Modo de preparo

1. Bata tudo na coqueteleira;
2. Despeje em um copo especial (que lembre uma fava de mel) com bastante gelo;
3. Sirva com o mel escorrendo da colher própria para mel.

Tennessee
MARY

Existem várias versões para o coquetel original Bloody Mary. A que mais gosto é a que diz que o francês Fernand Petiot criou uma primeira versão na década de 1920 no Harrys Bar, de Paris, mas só lançou no Hotel Saint Regis, em Nova Iorque. O nome é dado em "homenagem" à Maria de Tudor, que ficou apelidada de Maria Sanguinária por suas perseguições sangrentas ao protestantismo, na Inglaterra e Escócia, no século XVI.

Na minha releitura trago mais potência de sabor ao coquetel incorporando uma identidade americana. Tennessee é também o estado americano que produz um dos whiskeys de milho mais famosos do mundo.

Quando participei de um torneio mundial de coquetelaria elaborei o coquetel em uma versão shot e defumei o drink com carvalho. Em meu storytelling eu propus aos jurados um ritual de sepultamento de Maria, onde tínhamos que brindar e tomar o shot defumado de uma vez, como vingança pelo que Maria havia feito no século XVI.

Ingredientes

70 ml de vodka

Uma pitada de lemon pepper

Uma pitada de páprica picante

20 ml de molho inglês

20 ml de suco de limão

100 ml de suco de tomate

1 colher de molho barbecue

1 fatia de bacon caramelizado

Modo de preparo

1. Coloque todos os ingredientes na coqueteleira com gelo e bata;
2. Passe para um copo longo com bastante gelo;
3. Decore com o bacon caramelizado.

CATUTEA

Alguns coquetéis são feitos por encomenda, e este foi encomendando pela Catu Beverage Company que está em fase de testes para lançar a bebida Catu Brazil. A empresa, que tem sua sede em Los Angeles, produz uma bebida de teor alcoólico elevado, mas ao mesmo tempo suave na boca. A base da bebida é a catuaba que leva para a marca a nossa identidade brasileira. Um dos coquetéis criados para a marca é o Catutea, em uma montagem que lembra bastante o New York Sour.

Ingredientes

50 ml de catuaba

50 ml de gin

70 ml de suco de maçã

30 ml de suco de limão

½ colher de açúcar

10 ml de xarope de cravo

Modo de preparo

1. Bata o xarope de cravo, o gin e o suco de maçã na coqueteleira;
2. Passe para uma taça de vinho e adicione a catuaba bem lentamente para não misturar;
3. Decore com fatias de maçã e cravo.

CERRADINHO

O pequi é um dos símbolos do Goiás. Encontrado no cardápio de muitas famílias e nas famosas receitas da vovó. A fruta também é polêmica: ou você ama ou odeia. Esse foi o gancho para ter o pequi como o ingrediente inusitado de um coquetel até para aqueles que não apreciam tanto a fruta. Uma dica dada por uma amiga pimenteira é que basta misturar o pequi com pimenta e hortelã que o sabor fica incrível! Utilizei então a geleia do pequi com pimenta e a hortelã, o que resultou em um coquetel potente e refrescante ao mesmo tempo.

Ingredientes

80 ml de tequila

50 ml de Malibu

1 rodela de abacaxi

2 colheres de geleia de pequi com pimenta

8 folhas de hortelã

20 ml de suco de limão-taiti

2 colheres de açúcar

Espuma de gengibre

Modo de preparo

1. Macere o abacaxi com o açúcar e a geleia de pequi com pimenta;
2. Adicione tequila, Malibu e o suco do limão;
3. Bata tudo com gelo;
4. Passe para um copo maison jar e complete com a espuma de gengibre;
5. Decore com uma pimenta malagueta e uma colherzinha de pau com um pouquinho da geleia.

Wasabi
MARTINI

Criado para um restaurante com temática japonesa, utilizei o apimentado do wasabi ao meu favor. Wasabi, limão e o perfume do gin casam tão bem que parecem terem sido criados apenas para interagir entre si.

Ingredientes

40 ml vodka

10 ml Cointreau

20 ml de limão-taiti

10 ml de limão-siciliano

50 ml de suco de pera

5 g de wasabi em pó

Modo de preparo

1. Bata todos os ingredientes com gelo e passe para uma taça de martini;
2. Decore com uma fatia de pera e um pedaço de wasabi em pasta.

Brazilian
MULE

Reza a lenda que o Moscow Mule surgiu nos Estados Unidos e tem o sobrenome Moscow porque utiliza a vodka russa como base. Seguindo a mesma lógica de montagem, ao utilizar um destilado, um ácido e uma espuma, podemos dar uma volta ao mundo em 8 mules, e para essa receita eu decidi pousar no Brasil.

Ingrediente

50 ml de cachaça

30 ml de limão capeta

20 ml de xarope de cumaru

Espuma de gabiroba com gengibre

Modo de preparo

1. Bata a cachaça, o limão e o xarope na coqueteleira com gelo;
2. Passe para uma caneca de cobre com bastante gelo;
3. Complete com a espuma de gabiroba com gengibre.

Tropical
ARAK

O sabor doce do anis é contrabalanceado com a acidez do abacaxi e o gosto forte do arak suavizado com o rum aromatizado de coco. Uma homenagem à família árabe do sócio proprietário do BSB Grill, em Brasília.

Ingredientes

30 ml de arak

20 ml de Malibu

1 rodela de abacaxi

20 ml de limão-siciliano

½ colher de açúcar

Folhas de manjericão

Modo de preparo

1. Em uma coqueteleira, macere o manjericão com abacaxi, limão e açúcar;
2. Adicione o Malibu e o arak e bata com gelo;
3. Despeje em um copo longo com bastante gelo;
4. Decore com um pedaço de abacaxi e uma folha de manjericão.

ARAK
Tônica

Muitos bartenders gostam de usar o anis como especiaria para fazer uma gin tônica saborizada. Aqui, utilizo uma bebida já anisada e que combina perfeitamente com o perfume do limão siciliano e o alecrim.

Ingredientes

50 ml de arak

20 ml de limão-siciliano

1 ramo alecrim

200 ml de água tônica

Modo de preparo

1. Em uma taça de vinho adicione o limão siciliano, o arak e a água tônica;
2. Decore com um ramo de alecrim.

Lemon COFFEE

Limão e café são como goiabada com queijo, nasceram um para o outro. Aliás, cítricos com café em geral podem dar muito certo, e em muitas vezes o maracujá pode substituir perfeitamente o limão. Teste fazer um pisco sour de maracujá e você entenderá o que eu estou falando. Essa releitura da caipirinha foi criada para os apaixonados por café e drinks ácidos.

Ingredientes

50 ml de cachaça infusionada em café

1 limão-taiti

1 e ½ colher de açúcar de baunilha

Modo de preparo

1. Corte o limão em cubos e macere com o açúcar de baunilha direto no copo;
2. Adicione gelo picado e a cachaça com infusão de café;
3. Coloque alguns grãos de café por cima e acenda com maçarico até pegar fogo;
4. Sirva imediatamente.

Coffe Sour
MARTINI

Cachaça, café e amêndoa podem ser uma boa combinação principalmente quando é adicionada canela defumada. Para este drink, pode ser utilizada uma cachaça envelhecida em barris de carvalho por no mínimo 4 anos.

Ingredientes

40 ml de cachaça

10 ml de licor de amêndoas

30 ml de limão-taiti

1 colher de açúcar

100 ml espuma de gengibre

5 g canela em pau

Modo de preparo

1. Coloque a cachaça, o licor de amêndoas, o limão e o açúcar na coqueteleira com gelo;
2. Bata e faça dupla coagem em uma taça martini previamente gelada;
3. Povilhe a canela e defume com o auxílio de um maçarico;
4. Sirva.

Coquetelaria Tiki

Para entender a coquetelaria Tiki é necessário conhecer a cultura Tiki. Tiki – ou Deus Tiki, que é representado por uma figura ancestral feita de madeira ou pedra. A forma como é compreendida atualmente surge quando o Havaí é colonizado pelos Maori.

Apesar de ser considerado uma figura única, era dividido em diferentes personalidades, sendo as quatro principais: Ku: antigo Tiki deus da guerra; Lono: antigo Tiki deus da fertilidade e da paz; Kane: antigo Tiki deus da luz e da vida; e Kanalia: antigo deus do mar.

Bravura, força e sabedoria são consideradas como filhas de Tiki, ou seja, essas virtudes eram consideradas advindas do próprio deus Tiki.

Com um visual tribalista estilo maori/havaiano, os drinks são servidos em copos personalizados com figuras que representam os elementos da mitologia havaiana. Quando falamos de Havaí, imaginamos um coquetel tropical leve, mas o tiki geralmente não é tão suave assim quando se trata de teor alcoólico.

ALGUNS ITENS SÃO ESSENCIAIS PARA UM AUTÊNTICO TIKI:

- **ÁLCOOL**
  A força aqui é representada pela alta graduação alcoólica. Neste estilo de coquetel, pode ser adicionado até 150 ml de álcool. Utiliza-se muito rum para a elaboração da bebida.

- **EQUILÍBRIO**
  Uma combinação com algum tipo de cítrico e algum tipo de doce. Em geral, são uma explosão de sabores diversos. O equilíbrio do drink pode representar a sabedoria.

- **APRESENTAÇÃO**
  Tribal, copos que trazem a referência de Tiki e Maori. A montagem do drink pode representar a bravura.

TIKINHO

Criado para o restaurante Cuzco, o coquetel Tikinho é um estilo nipo-peruano com um toque caribenho. Um coquetel que leva a alma de um sour sul americano no estilo japonês.

Ingredientes

30 ml de pisco peruano

20 ml de rum branco

30 ml de limão-taiti

15 ml de xarope de milho roxo

Espuma de wasabi

Uma pitada de noz moscada

Modo de preparo

1. Na coqueteleira, coloque pisco, rum, limão, xarope de milho roxo e gelo;
2. Bata vigorosamente e passe para um copo de cerâmica;
3. Complete com espuma de wasabi e um toque de noz moscada.

Simplesmente
TIKI

Inspirado na coquetelaria havaiana, o coquetel Simplesmente Tiki mostra força e potência deste estilo de coquetelaria. Elaborado com spiced rum, licor de cacau, café, limão, abacaxi e bitter de cacau.

Ingredientes

100 ml de spiced rum

50 ml de licor de cacau

50 ml de café

20 ml de limão-taiti

20 ml de *simple syrup*

1 rodela de abacaxi

Raspas de canela

4 gotas de tintura de cacau

Modo de preparo

1. Macere o abacaxi com açúcar;
2. Adicione o restante dos ingredientes com gelo;
3. Bata e coe para um *mug* tiki;
4. Sirva!

Torta de maçã da
VÓ MUSTACHITA

Quando fui trabalhar em uma casa especializada em carnes, existia um personagem que contava a história do bar, o Velho Mustache. Era o storytelling da casa. Com base nisso, pensei em criar um coquetel em estilo Tiki, só que mais moderno, sem usar os mugs clássicos e com um utensílio que fosse possível encontrar em lojas de presentes. Usando uma bota de louça criei uma versão de drink com sabor de torta de maçã. Dando continuidade à história da casa surgiu, então, a bota da Vovó Mustachita.

Ingredientes

70 ml de vodka

100 ml de hibisco

50 ml de suco de cramberry

20 ml de limão

1 colher de açúcar

Canela em pau

Flor comestível

Modo de preparo

1. Coloque a vodka, o hibisco, o cramberry, limão e açúcar em uma coqueteleira com gelo;
2. Bata e sirva em uma bota de cerâmica com bastante gelo;
3. Decore com flores comestíveis, maçã e um pauzinho de canela.

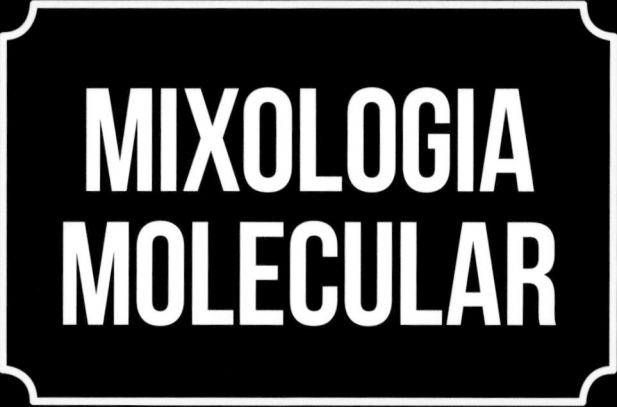

A mixologia molecular é uma vertente da gastronomia molecular e consiste na alteração da textura dos coquetéis. O principal precursor da gastronomia molecular é o chef catalão Ferran Adrià, proprietário do restaurante El Bulli, na Espanha, que já foi considerado o melhor restaurante do mundo. Durante um curto período, as técnicas de mixologia molecular deram um boom no mercado internacional, e o que achávamos que seria tendência foi apenas um modismo temporário. Não podemos culpar a técnica pela falta de sucesso desse estilo de mixologia, mas sim os técnicos que, apesar dos recursos necessários para aplicá-la, não souberam como fazer isso da melhor forma. Saber desconstruir um alimento não é o suficiente para elaborar um coquetel, o mais importante é saber aplicar a técnica.

São cinco as técnicas de mixologia molecular e cinco os produtos.

Técnicas de mixologia molecular

1. Aerificação

Para fazer uma espuma aerada que lembra uma espuma de sabão. Tão leve que se desfaz apenas sendo assoprada.

Para fazer são necessários:

- **Produto:** lecitina de soja
- **Equipamento:** mixer elétrico

2. Gelatinização

Para fazer um preparo de gelatina sólida. Na gastronomia utilizamos uma gelatina que não derrete em temperatura ambiente.

Para fazer são necessários:

- **Produto:** agár-agár
- **Equipamento:** fogão

3. Espuma

Para fazer uma espuma densa como um tipo de chantilly mais aerado.

Para fazer são necessários:

- **Produtos:** Diversos produtos podem ser utilizados para fazer a espuma, como: agár-agár, lecitina de soja goma xantana, gelatina, clara de ovo cru, clara de ovo pasteurizada, emustab, albumina etc.
- **Equipamentos:** sifão de chantilly e cápsulas de NO^2.

4. Esferificação

Para fazer um preparo que imita um caviar, pequenas esferas gelatinosas.

Para fazer são necessários:

- **Produtos:** cloreto de cálcio e alginato de sódio
- **Equipamentos:** caviar box ou seringa, liquidificador e fogão

Preparo

250 ml de água

4 g de alginato de sódio

250 ml da bebida

Banho

1 litro de água

10 g de lactato de cálcio

5. Esferificação reversa

Para encapsular o drink com uma película que resulta em um drink que lembra uma gema de ovo.

Para fazer são necessários:

- **Produtos:** cloreto de cálcio, alginato de sódio e goma xantana
- **Equipamentos:** mixer de mão, fogão e colheres de medida

Preparo

200 ml de líquidos não alcoólicos

100 ml de álcool

3 g de lactato ou cloreto de cálcio

0,5 g de goma xantana

Banho

2,5 g de alginato para 500 ml de água

Produtos utilizados na mixologia molecular

1. Cloreto de cálcio

Produzido a partir da calcária, é um sal de cálcio. Pode ser vendido em cristais, prismas incolor ou branco (com sabor salgado). A função do cálcio é reagir com o alginato de sódio para a esferificação ou esferificação reversa.

2. Alginato de sódio

Retirado das algas marrons das espécies Fucus, Macrocytis e Laminaria Ascophilum é um sal orgânico derivado de carboidratos do tipo fibra. É vendido em pó no mercado e deixa o líquido com uma textura viscosa. O alginato de sódio reage com produtos que contêm cálcio como o cloreto de cálcio ou o lactato de cálcio. O alginato de sódio é solúvel em água quente ou fria e com movimento intenso pode ficar mais espesso e até mesmo grudar.

3. Lecitina de soja

Extraída do óleo de soja, das sementes do girassol ou dos grãos de trigo, é conhecida quimicamente como fosfatidilicolina. É uma mistura de glicolipídios, triglicerídios e fosfolipídios.

4. Agár-agár

Agár-agár, ágar ou agarose, é extraído das algas marinhas vermelhas. Uma mistura heterogênea dos polissacarídeos agarose e agaropectina. Não se dissolve em água fria e forma um gel. Na mixologia molecular, os produtos que utilizam ágar-ágar suportam até 80 graus sem alterar o seu estado físico. As temperaturas de solução e gelatinização são diferentes das gelatinas comuns. O gel de agár é solúvel à temperatura entre 90 e 95 graus e resfria em torno de 40 a 50 graus. Pode ser reaquecido a 70 graus.

5. Goma Xantana

Obtida a partir da fermentação do amido de milho através da bactéria Xanthomonas campestres, é um heteropolissacarídeo. É estável à temperatura de 100 e 120 graus. Na mixologia molecular, serve como a "maisena" dos coquetéis por ser um excelente espessante.

Utensílios utilizados para elaborar os coquetéis moleculares

Seringa

Utilizada para fazer preparos que dão forma semelhante ao caviar, em pequenas esferas. Para utilizar a seringa, não é necessária a agulha. As pipetas podem substituir o uso da seringa mantendo a qualidade das formas. Hoje, no mercado internacional, já é possível comprar um utensílio que permite fazer até 96 esferas pequenas ao mesmo tempo possibilitando a produção em grande escala, chama-se Caviar Box. A seringa é utilizada principalmente para aplicar a técnica de esferificação.

Balança de alta precisão 0,1

Algumas receitas necessitam de quantidades muito pequenas de produtos químicos, muitas vezes, abaixo de 1 grama. Para isso, é necessário ter uma balança de alta precisão que meça a partir de 0,1 grama. É importante observar que o mesmo produto com marcas diferentes pode variar seu peso, isso se dá às diferentes densidades, ou seja, a relação entre massa e volume da substância.

Sifão

É utilizado para fazer espumas densas, geralmente com um espessante apenas, para deixar o produto consistente e cremoso, o produto a ser espessado e um gás de CO_2. Muito fácil encontrar em cozinhas de confeitaria pois é utilizado para servir chantilly. A desvantagem em utilizar o sifão é a impossibilidade de variar o ponto do creme pois ele permite um único resultado.

Mixer elétrico

É utilizado para dissolver o alginato de sódio na água e preparos onde o ingrediente principal se mistura com a goma xantana. O mixer elétrico de punho é encontrado com facilidade em lojas de venda de eletrodomésticos.

Escumadeira fina

Para utilizar na esferificação reversa, na hora de retirar o caviar do banho e lavar em água corrente a escumadeira deve ser grande e com pequenos furos para não passar nenhuma esfera.

Medidor de pH

Quando criamos algumas receitas como as esferas onde são utilizados ingredientes lácteos e/ou ingredientes com acidez elevada, é necessário verificar se o pH é >5. Caso não seja, o preparo não vai funcionar e é necessário baixar o pH com produtos recomendados e refazer a medição com o medidor de pH. Existem vários tipos de medidores entre os descartáveis e os eletrônicos e geralmente são encontrados em lojas para laboratórios de química. São chamados também de pHmetro. Um dos pHmetros mais utilizados é o papel de tornassol. O pH é o símbolo para a grandeza físico-química potencial hidrogeniônica que indica neutralidade, acidez ou alcalinidade de uma solução aquosa.

Recipiente para banho

Utilizada para a esferificação reversa onde os caviares tendem a grudar. Quando há grande quantidade de esferas, a tendência é que elas grudem umas nas outras e, por isso, é importante utilizar recipientes grandes e com o fundo bem reto.

Peneira fina

Muitas receitas precisam de coação para obter um líquido mais fino e, por isso, necessita passar por uma peneira fina.

Colheres de medida

A colher de medida dá forma aos preparos utilizados na esferificação inversa, por isso a medida da colher deve ter forma esférica. As colheres de medida mais indicadas são as de porcelana, pois permitem que o líquido que irá reagir com o alginato se desgrude mais fácil na hora de passar o líquido da colher para o líquido do alginato.

Colher coletora

Depois do banho de alginato, é necessário transportar a esfera para o banho inverso de água gelada e depois para o recipiente de serviço. Para esse processo, é necessário utilizar a colher coletora – uma colher de inox com pequenos furos por onde escorre a água.

Colheres de aperitivo

As esferas que contêm grande quantidade de líquido e membrana fina como no caso da esferificação reversa, necessitam de um serviço cuidadoso ao passar a esfera para a boca. Para servir a esfera do recipiente direto para a boca, é necessário utilizar as colheres de aperitivo ou colheres de sopa chinesas que são mais baratas do que as tradicionais de porcelana.

Utensílios e equipamentos do bar moderno

Coqueteleira

A melhor opção de coqueteleira é o modelo Boston. Coqueteleira de Boston ou Boston Shaker são duas peças de inox semelhantes a um copo de tamanhos diferentes. As duas peças se encaixam e fazem pressão. Há técnica para travar e destravar. Para travar, basta encostar as paredes dos dois copos encaixando-o e dando um tapa em uma das coqueteleiras. Para destravar, basta colocar a base menor para cima e para um dos lados, empurrando a base para a frente. As coqueteleiras de três peças que têm peneira e tampa não são indicadas por não serem tão práticas, pois necessitam de um manuseio maior para elaborar o coquetel. É indicado que o bartender tenha uma quantidade razoável de coqueteleiras para poder acelerar o tempo de elaboração quando sair mais de um coquetel batido por vez. Eu, particularmente, gosto de trabalhar com seis coqueteleiras para poder entregar até seis coquetéis batidos ao mesmo tempo.

Defumador

Utilizado para defumar o coquetel. Os tipos de defumadores foram mostrados no capítulo de aromatização.

Mixging elétrico de mão

Utilizado para preparos de mixologia molecular, principalmente para a técnica de aerificação.

Mixing glass

O copo de mistura é feito de vidro e há modelos dos mais baratos aos mais surpreendentemente caros. O Backer de 500 ml ou 600 ml é uma opção para ter um modelo bom e barato. Geralmente custam menos que os modelos de mixing glass mais baratos.

Dosador

Há muitas opções no mercado, mas ainda prefiro trabalhar com o dosador gradual de inox. Existem vários modelos de diferentes tamanhos. É indicado trabalhar com o de 50 ml e 30 ml como principal e outros dosadores de medidas diferentes como apoio. São exemplos os de 50/25 e 40/20. É o utensílio mais justo entre você e o cliente e possibilita melhor a padronização.

Peneira

Para fazer dupla coagem o ideal é utilizar uma peça 100% inox.

Ice pick

Utilizado para esculpir gelo. No bar ele serve para fazer o Ice Ball (esfera de gelo).

Serrote

Utilizado para cortar a barra de gelo até formar um cubo.

Tesoura zig-zag

A melhor tesoura é a mesma utilizada para cortar tecidos. Utilizamos para cortar cascas de frutas e fazer guarnições para coquetéis.

Caviar box

Utensílio utilizado na técnica de mixologia molecular. Capaz de fazer 96 caviares de uma única vez.

Sifão

O mesmo utilizado para fazer chantilly. O ideal é que seja totalmente de inox e sirva tanto para preparos quentes, quanto frios. É abastecido com pequenos cilindros de gás de CO_2 ou NO_2.

Seringa

Utilizado tanto para fazer caviar quanto para fazer espaguete com a técnica de mixologia molecular.

Manometro

Utilizado para medir a pressão dentro da garrafa. Indicado na elaboração da Ginger Ale e outros fermentados. Com o manômetro, é possível evitar que a garrafa de vidro estoure e que toda a produção seja perdida com isso.

Canudos

Após determinação do governo do Rio de Janeiro pela Lei Nº 3794/2018 que determina que "Fica proibida a utilização de canudos de plástico, exceto os biodegradáveis, em restaurantes, bares, quiosques, ambulantes, hotéis e similares no âmbito do Estado do Rio de Janeiro", os bartenders de todo o Brasil começaram a aderir à não utilização dos canudos de plástico, mesmo que não exista uma lei nos estados onde trabalham. O ato de banir o uso dos canudos de plástico é parte da conscientização e educação que os profissionais querem transmitir aos clientes. Como alternativa ao plástico, os bartenders têm diversas opções, como: canudos de papel, biodegradável, de bambu, inox, vidro e até de açúcar. Há também a opção de usar biscoito ou macarrão em formato de canudo. Use sua criatividade.

Henrique Ferrera

Nascido em Brasília, designer e fotógrafo por paixão. Atua profissionalmente há 18 anos no segmento de fotografias institucionais e publicitárias, onde é especializado em fotografias de gastronomia e arquitetura. No campo autoral, as culturas tradicionais e paisagens, especialmente paisagens noturnas, são suas especialidades. Sempre foi apaixonado por fotografia e todo universo que a envolve.

"A busca contínua por informações e técnicas fotográficas cria um olhar apurado. O fruto da persistência e do aprendizado sobre a luz transforma o modo como vemos as coisas, nos permite criar imagens diferenciadas e de alta qualidade. A vida é um constante aprendizado. Quando deixamos de aprender, deixamos de viver".

Foto: Igor Almeida

Victor Quaranta

Formado em gastronomia pelo Instituto de Ensino Superior de Brasília, iniciou seus trabalhos como bartender em 2007. CEO da Drinks e Barman, empresa de formação e consultoria, gerenciou o projeto Drink Experience no estádio de Brasília na Copa do Mundo de 2014. Instrutor dos cursos de Qualificação em Bartender pelo Senac Nacional nos anos de 2014, 2015 e 2018. Prêmios de melhor carta de drinks pela revista Veja e Encontro Gastrô 2014. Jurado etapa regional (Brasília) Worldclass 2017 e 2018.

Este livro foi composto com as fontes
Segoe Script e Bebas Neue nos títulos e
Tisa Sans Pro nos textos. Foi impresso
em papel couché fosco na Finaliza
Editora e Gráfica Ltda., em abril de 2021.